# ホツマツタヱとカタカムナで
# 語り尽くす

## 超古代史が伝える日本の源流と新世界の始まり

いときょう
吉野信子

明窓出版

# ホツマツタヱとカタカムナで語り尽くす
## 超古代史が伝える日本の源流と新世界の始まり

## パート2　ホツマ、カタカムナから始まる新世界

## 「ホツマツタヱ」概要

「ホツマツタヱ」とは、古代文字「ヲシテ」で書かれた日本最古の歴史書で、古事記、日本書紀の元になったとされる書物と言われている。五七調の長歌体で記され、約12万文字、全40章からなる。古事記、日本書紀と同様、古代の日本の国造りを描いているとされる。また、和歌や日本の祭り、行事の起源なども書かれており、縄文文明を知る上でも貴重な文献と言える。

すべて漢字で表記されている古事記、日本書紀に対し、ホツマツタヱには、縄文時代より使われてきた日本固有の文字・ヲシテ文字が使われている。ヲシテの基本となる文字は48。点や線で表される子音と、丸や三角、四角で表される5母音を合わせて発音がつくられる。

昭和41年8月、「現代用語の基礎知識」初代編集長であった松本善之助氏が東京・神田の古書店で「ホツマツタヱ」の一部の写本を発見したことが、今に繋《つな》がる研究の始まりと言われる。

その後、平成4年、高島市安曇川の日吉神社の蔵から全40アヤ（章）が発見されたことで、一気に研究が進んだ。

## 「カタカムナ」概要

「カタカムナ」とは、漢字伝来以前、上古代と呼ばれる1万2千年も前の時代に使われていたとされる言葉。線と円のシンプルな要素で作られた幾何学的図形の文字で、渦巻き状に綴られている。

1949年、物理学者である楢崎皐月《ならさきさつき》氏が、六甲山系の金鳥山で平十字《ひらとうじ》という猟師風の男性に出会い、彼の父親が宮司をしていた、カタカムナ神社の御神体であった巻物の書写を許されたという。その後、楢崎氏は数十年にわたってその文献を研究、古事記などの御神名を頼りに解読し発表したことで、その存在が世に知られるようになった。

カタカムナは、80首のウタヒ（歌）からなり、これらはみな、五・七・五・七調の和歌に似たリズムを持つ。ウタヒは、日本神話に登場する神々の名を歌詞にし、古代から伝えられた人間の叡智や自然摂理の意味を歌意に織り込む。

日本の古代文明が現代の科学を凌駕していることを示すとされ、量子力学、相対性理論、超ヒモ理論などの原理が描かれているという説もある。

左: いときょう先生　右: 吉野信子先生

# パートⅠ　言霊、数霊、形霊は宇宙の真理

## 「名は体を表す」をカタカムナで裏付ける

**いと** この度は、このような貴重な機会をいただき、本当にありがとうございます。吉野先生のご活躍ぶりをいつも拝見して、お目にかかれるのを楽しみにしておりました。

**吉野** こちらこそ、わざわざ高槻までお運びいただきまして、たいへんありがとうございます。ホツマツタヱのいと先生のご高名はうかがっております。私はカタカムナを研究している中で、名前に興味を持っているのですが、いと先生のお名前は珍しいですね。

**いと** ペンネームとしてひらがなを使っていますが、いとは本名で、一の糸と書きます。

**吉野** すごいお名前ですね！　カタカムナで読むと、「糸（いと）」とは「陰が（陽と）統合する」という意味であり、陰陽融合すると「糸＝ひも」になると読み解け、現代の超ヒモ理論を裏付けます。

「一糸」とはつまり、「根源から出る陰陽統合したモノ」という意味で、正しく、振動する「超ヒモ」を表していますね。また、漢字で糸は、「く＋ム＋小」と分解でき、「引き寄る九と六（無）の広がりが小さくなると糸となる」という意味になります。

六芒星の空間（核）は大きくなったり、小さくなったりして反転を繰り返すトーラス空間ですが、反転する度に超ヒモが核から創り出されているというのです。それが、宇宙はすべて振動でできている理由です。ヒモが振動を伝えていますね。

**いと**　そうなんですか。

**吉野**　ヒという糸、一の糸でできているというのが、もうカタカムナなんですね。

カタカムナとは「根源から出る・入る＝ヒ＝一」の「十（統合）」という意味ですから、「ヒト＝人」とも「イト＝糸」とも読めますね。

そして、下のお名前の恭良《やすよし》さんについても、「飽和して外へと進む陽の示し」と読み解け、大きく振動する光を表しています。

また、良という字が、ヨイ（陽・陰）とも読みますね。陰陽にまつわっていますので、本当にお名前自体が「カタカムナ＝生命の根源」と読み解けます。

**いと**　それは嬉しいですね。

**吉野**　私はカタカムナを数霊《かずたま》でも読み解いていて、それで計算すると、先生のお名前の合計数が85になるんですが、この数字は「アマテラス」という意味があります（注　数霊についての詳細は、拙著「カタカムナ　数霊の超叡智：数の波動を知れば、真理がわかる・人生が変わる」〈徳間書店〉を参照ください）。

**いと**　そうなんですか！　びっくりです！

**吉野**　ホツマのほうでは、アマテラスのことをアマテルというそうですね？

**いと**　そうですね。そして、アマテルは男性神です。天照大神について、ホツマツタエでは、天照大神はアマテルという表現もあり、同時にアマテラスオオンカミという表現もあるんですね。

**吉野**　使い分けはどうなっているのですか？　全く同じ人物を指しているのでしょうか？

**いと**　使い分けについてはまだ研究段階ですが、五七調で書かれていることから、文中の音数で決められているように思えます。表現（音霊）は異なりますが、同じ人物を指しています。「古事記」では女性になっていますね。

**吉野**　カタカムナでは、すべては球体として捉《とら》えるので、球の内と外と考えて、アマテルとアマテラスの言葉の意味を比較すると、「アマテル→天が照る」とは、「外が照る」という意味になり、「アマテラス→外を照らす」と言っているので、アマテルは外の光、アマテラスは外を照らす内なる光源を言っていることになりますね。

しかし、カタカムナの数霊では「アマテル＝45（内なる存在）」となり、「アマテラス＝85（離れて伝わるモノ）」と逆に出ますので、こういう場合は、お互いに循環していると見ます。

それは、アマテルとアマテラスが循環して出たり入ったりしているという意味です。

もちろん、照らす人と照る人は同じ裏表です。

太陽とは「分かれた陰陽」という意味なので、ある意味、両性具有でどちらも持っています。

アマテラスの数字が85で、いと先生の数霊といっしょです。いと先生は、照らす人なんですね。すごく大きな使命を持った方だと思います。

**いと** そう言っていただくと、嬉しいです。

ちなみに、吉野先生のお名前は、どういう意味があるのですか?

**吉野** 思念で読み解くと、「陽の示しが、時間をかけて時間をかけて内側へと振動し、転がり入る子」という意味で、「高齢になってから悟る子」という意味ですが、正しく60才を過ぎてようやく、カタカムナにたどり着き、いろいろと閃《ひらめ》いている私の人生を表していますね。

それまでの人生経験がカタカムナの閃きにすべて繋がっていくという意味でしょう。私の名前の真ん中の二つの「の・の」は、二つの逆渦を表しており、その逆渦によって内側へと振動するとは、まさにカタカムナの生命の根源を表します。

そこに転がり入る子という意味なので、カタカムナにハマったのも当然かもしれません。吉野が47(引き離れる)、信子が34(光)になります。「核から出て光となる」いう意味で、私はアマテルの役割でしょうか。

合計数が81、また、これは9×9の数で、「81→離れた光が根源へと入る」と読み解け、循環を表します。神道で「弥栄《いやさか》」と声をかけますが、この「イヤ」が「1と8」を表し、永遠循環して、益々栄えるようにという意味だと思います。9×9というのは球体、つまり地球のことを表していますから、そういう意味では恐れ多いんですが、地球を照らす光という意味にもなります。頑張らなくては！

**いと**　実は私、81という数字が好きで、車のナンバーは8181なんですよ。

**吉野**　ええ？　そうなんですね。81には、日本という意味もあるんです。国際電話での日本の国番号は、81ですよね。そして81は、縄文も表しています。

**いと**　私もある時、81は日本を表すことを知りました。そうした数霊のような世界も、カタカムナから分かるということなんですね？

**吉野**　そうです。面白いですよ。それで私も「いときょう」先生も、日本（国番号81）の縄文（81）に関わっているのでしょうね。

**いと**　ホツマツタヱのヲシテ文字は48音ですが、カタカムナもいっしょですか？

**吉野**　カタカムナは第1首から第80首まであるのですが、第5首と第6首で、「ヒフミヨイ　マワリテメクル　ムナヤコト　アウノスヘシレ　カタチサキ　ソラニモロケセ　ユヱヌオヲ　ハエツヰネホン　カタカムナ」となります。最後の「カタカムナ」を除くと、一つも重ならずに48の音が並んでいるんです。

何故5首6首かというと「5・6」は音に直すと、カタカムナ48音の並びで「イマ＝今」と読めます。今という瞬間に、48音の響きがあるという意味を含んでいます。

「ヒフミヨイ（一二三四五）」と、数から始まっているので、その後の音も数を当てはめて考えると、すべての言葉について計算ができるんですね。

表にしたのが、こちらです。私が開発したもので、思念表と言います（表1を参照）。

**いと**　なるほど、面白いです。

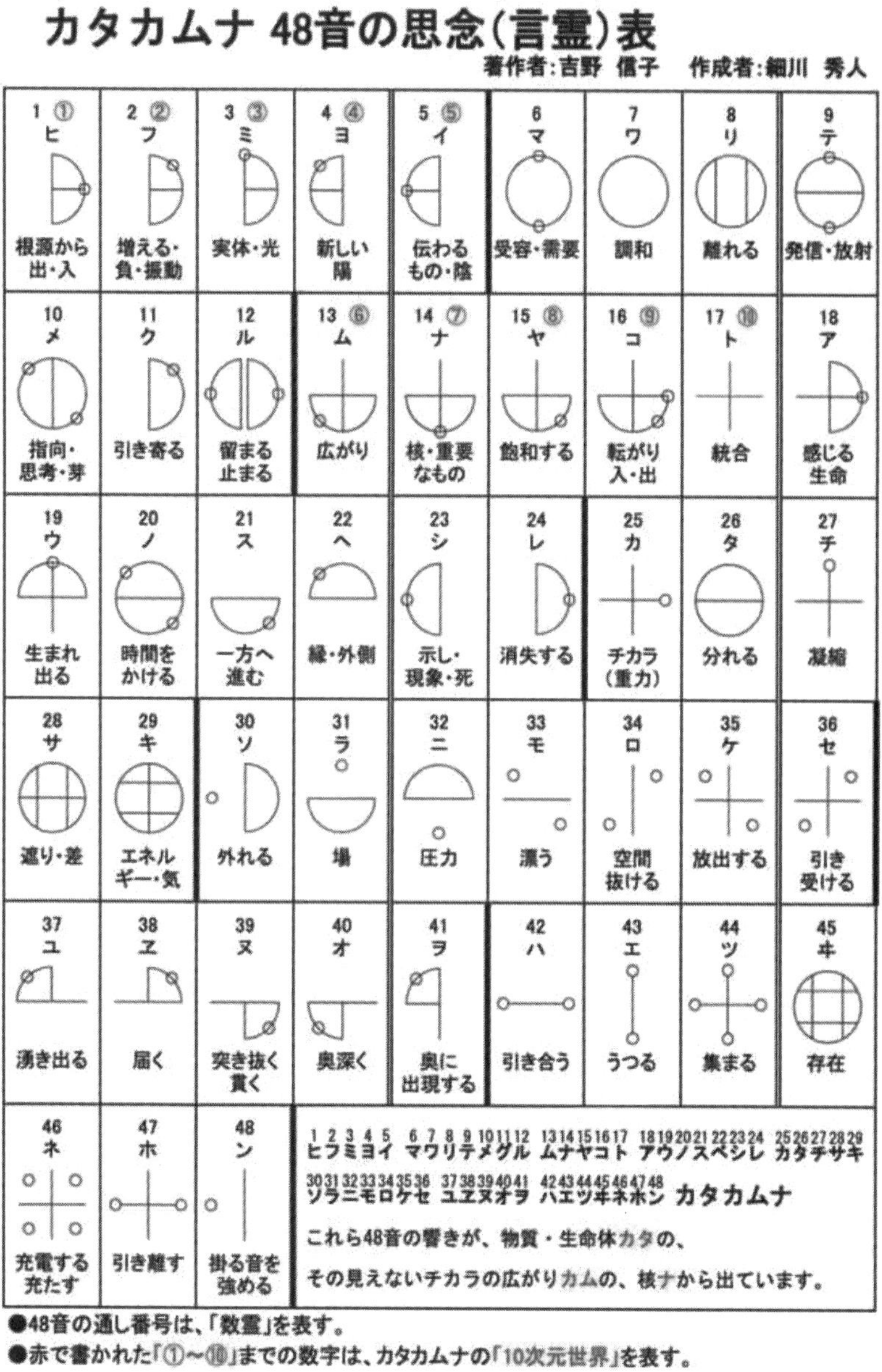
カタカムナ 48音の思念(言霊)表
著作者:吉野 信子　作成者:細川 秀人
1 ① ヒ 根源から出・入
2 ② フ 増える・負・振動
3 ③ ミ 実体・光
4 ④ ヨ 新しい陽
5 ⑤ イ 伝わるもの・陰
6 マ 受容・需要
7 ワ 調和
8 リ 離れる
9 テ 発信・放射
10 メ 指向・思考・芽
11 ク 引き寄る
12 ル 留まる止まる
13 ⑥ ム 広がり
14 ⑦ ナ 核・重要なもの
15 ⑧ ヤ 飽和する
16 ⑨ コ 転がり入・出
17 ⑩ ト 統合
18 ア 感じる生命
19 ウ 生まれ出る
20 ノ 時間をかける
21 ス 一方へ進む
22 ヘ 縁・外側
23 シ 示し・現象・死
24 レ 消失する
25 カ チカラ(重力)
26 タ 分れる
27 チ 凝縮
28 サ 遮り・差
29 キ エネルギー・気
30 ソ 外れる
31 ラ 場
32 ニ 圧力
33 モ 漂う
34 ロ 空間抜ける
35 ケ 放出する
36 セ 引き受ける
37 ユ 湧き出る
38 ヱ 届く
39 ヌ 突き抜く貫く
40 オ 奥深く
41 ヲ 奥に出現する
42 ハ 引き合う
43 エ うつる
44 ツ 集まる
45 ヰ 存在
46 ネ 充電する充たす
47 ホ 引き離す
48 ン 掛る音を強める
ヒフミヨイ マワリテメグル ムナヤコト アウノスヘシレ カタチサキ
ソラニモロケセ ユヱヌオヲ ハエツヰネホン カタカムナ
これら48音の響きが、物質・生命体カタの、
その見えないチカラの広がりカムの、核ナから出ています。
●48音の通し番号は、「数霊」を表す。
●赤で書かれた「①〜⑩」までの数字は、カタカムナの「10次元世界」を表す。

（表1）48音思念表

**吉野**　誰でも計算できますし、本質がぴたりとわかり、理解するとハマる人続出です（笑）。しかし、読み解きにはやはり繰り返しの練習が必要ですね。

**いと**　その数霊でアマテラスを計算すると、85になるということなのですね。納得できます。

**吉野**　はい、「球（キュウ＝九）」という言葉も「85」です。つまり、アマテラスとは、数字で言うと「9」、形で言うと「球」体を表しているということです。

同音異義語は振動数が同じなので、本質は同じ意味を示しています。球体には、中心点がありますが、その球の中心点にアマテラスが居るのです。アマテラスが太陽神であり、光を発する根源神であれば、所在は外ではなく、光の中心、つまり光が出てくる暗闇の岩戸の中なのでしょう。

カタカムナとは、「カタ（型）」と「カム（その力の広がり）」の根源「ナ＝天照」が、常に内側の中心点（ココロ＝九九の空間＝地球の中心）にある、ここからすべてが生み出されている、という意味になります。

## 陰陽は循環し、社会も変化する

**いと**　私も、光というものをとても大事にしています。すべては、光の世界です。

**吉野**　そうですね。カタカムナでは陰陽とは「光と水」を示し、光が水を振動させることで意識が伝達されていると見ています。光と水の両方ですね。

そして、カタカムナを研究、発表なさった楢崎皐月氏が、カタカムナ文字を読み解く大きな手がかりとされたのは古事記でした。

古事記の上《かみ》つ巻《まき》にある、神代から天岩屋戸開きの物語の前までに出てくる神様方の名前が、カタカムナウタヒ80首の中にほとんど同じ順番で描かれているのを発見したことが、カタカムナ文字を読み解く大いなる一歩となったのでした。

ホツマでは、御神名《ごしんめい》のあともずっと、天皇のお名前などが出てきますか？

**いと**　はい、そうですね。

**吉野**　カタカムナには天皇のお名前は一切出てこないので、その前の天岩屋戸開きまでの、創世期のものだったのかなと思っています。

**いと**　カタカムナがとても古いということは、私も聞いています。

岩戸開きがいつくらいかなど、カタカムナでわかることがありますか？

**吉野**　カタカムナは、天岩戸開きの前の誓約《うけい》のところまでが80首の中に描かれています。

誓約と天岩戸開きとの間に何があったかというと、古事記によると、アマテラスとスサノヲとの間で、誓約という子産みの対決をして、スサノヲのほうにたおやかな三女神が生まれたので、「私の勝ちだ！」と誇ってスサノヲが乱暴に振舞ったというのです。

それに憤慨したアマテラスは岩戸に隠れ、スサノヲは罪を問われ、重い荷物を背負わされて、爪をはがされ、髭を切られて追放されます。

荷物を背負うとは、重力をかけるということです。また、髭や爪はいつかは伸びてくるものですが、出てこないように、それらを失わされたということは、地下世界に追放されたということですね。

私は、カタカムナとはスサノヲの文明であったと思っています。なので、スサノヲが追放された誓約後の、「天岩戸開き」以降の話がカタカムナウタヒには書かれていないのでしょう。

私の解釈では、アマテラスが隠れたのはスサノヲの狼藉《ろうぜき》が理由なのではなく、その時に日本社会に政変が起き、その結果としてアマテラスは岩戸に隠れ、スサノヲが追放されたのではないかと思っています。

何故なら、誓約の際、勝ち負けの基準はあらかじめ決めてあるはずだからです。

アマテラスも、スサノヲが、女の子が生まれたことで「勝利した」と叫んだことについては非難していません。

それどころか、弟をかばう意見を述べています。

アマテラスという太陽の存在を消すという大きな決断が、弟スサノヲの狼藉だけが理由だったとは考えづらいのです。それだけの深い理由があったはずで、それが政変だったのでしょう。


アマテラスが隠れた後、高天原《たかまがはら》と葦原中国《あしはらのなかつくに》は暗闇に包まれ、夜だけの世界になり、あらゆる災難がことごとく起こるようになりました。

太陽を失ったことで、おそらく、現代のコロナウイルス騒動のように、疫病が国中に蔓延《まんえん》するなどの災害が起きたのではないでしょうか。

アマテラスが誓約で産んだ5人の男の子のご長男の名前は、古事記には、正勝吾勝勝速日《まさかつあかつかちはやひ》天之忍穂耳命《あめのおしほみみのみこと》と書かれています。

このお名前を漢字のまま読み解くと「正に勝った、吾が勝った、勝った、速日の天のおしほみみ」となります。

誓約では、女の子が産まれたら勝ち、と決めていたのではないでしょうか。それまでが母系社会であったことは、縄文土偶がすべて女性であることや、平安時代の通い婚などに名残を見ることができます。

その後、正勝吾勝勝速日天之忍穂耳命は、「吾が勝った」というお名前にもかかわらず、何故かアマテラスの跡を継ぐことなく、生まれた息子の邇邇芸命《ににぎのみこと》を天孫降臨《てんそんこうりん》させています。

それ以降、古事記では天皇家に続く血筋は男系となっています。

しかし、元々天照大御神は女性だったと私は思います。

何故なら、誕生して、父イザナギ命から贈られたモノは、「御倉板挙之神《みくらたなのかみ》という勾玉の首飾り」です。

そして、天照の御神体は「八咫鏡《やたのかがみ》」です。剣などとは違い、どちらも女性性を彷彿《ほうふつ》とさせるものですね。

しかしこの出来事は、誰が悪いとかではなく、そういう時代の変わり目だったので、そうした現象が起きたと言えるでしょう。

社会が変化を必要としていた。カタカムナでは、全部繰り返している、陰陽は循環していると説いています。

ことです。宇宙の仕組み自体が循環なので、そのような時期にはそのような現象が起きていくということです。

現代社会も酷似した状況ですが、この時代、カタカムナが現代に蘇《よみがえ》ったことで、ある意味、スサノヲのエネルギーも今、蘇っていると言えるのではないかと私は思います。

**いと**　ホツマツタヱの記述とは大きく異なりますね。

**吉野**　そうなんですね。これは古事記を読んで理解したものです。これからホツマも勉強していきたいと思います。

カタカムナはエネルギーの本質を解き明かしたモノなので、エネルギーの動きからそのように観るんですね。古事記を読む時にも、これはこういう原理の中で起こった物語だ……、という観方をします。善悪では見ません。

今も同じことが同じように起きるし、また繰り返すという、その原理を読み解くんです。その原理に沿って、現実世界に物語が繰り広げられています。

**いと**　原理が分かれば、何故繰り返すかというその理由が分かる。

**吉野**　そう。すべては必要性に応じて変化しています。神様のお名前で言えば、例えばアマテラスとか、ツクヨミとか、そのお名前自体が原理の働きを示しているんです。その名前が持つエネルギーが溢れている人って、各時代に出てきますから。

それに古事記の物語は、当時の政権によってつくられたのでしょうが、内容を諳《そら》んじて伝えたとされる稗田阿礼《ひえだのあれ》は、実は見破られないように、わざと物語を曖昧《あいまい》にし、短縮して、あちこちに真実のヒントを漏らしています。そのまま読んでも意味が分からない箇所に、そうした意図を私は強く感じます。

**いと**　原理は大切です。原理・大元《おおもと》ですから。

ビッグバンが始まって宇宙が生まれた時に、もうその原理が存在し、その繰り返しの中で私たちがその役割を演じている……、そんな壮大な考えなのですね。

**吉野**　そうなんです。例えば、ビッグバンとは特異点（ゼロ空間）から起こった大爆発のことですが、ビッグバンという巨大な爆発をカタカムナで読み解くと、「根源に入る」。つまり特異点を表します。

**いと**　根源に入る。なるほど。

**吉野**　大爆発という一般的なイメージとは、逆ですね。

思念表の思念とは、言葉の前にある原因のことですが、その原因が結果とは逆のことを言っている場合は、つまりそれは「繰り返している」という意味になるんです。先ほどのアマテルとアマテラスと同じです。

そういう理由で、ビッグバンという言葉を読み解いただけで、宇宙はそれを繰り返しているということが分かるんですね。

私は言葉が神であると捉えているので、言葉を読み解くことによって、その本質を神に教えてもらっているという感じがします。

聖書にも、「初めに言《ことば》があった。言は神と共にあった。言は神であった。」とあるとおりです。

**いと**　まさにホツマツタヱといっしょですね、そこの部分は。

## 言霊、数霊、形霊は宇宙の真理

**吉野**　私のカタカムナの読み解きとは、自分でいろいろと考えるということではなくて、言葉に含まれている真理を素直に読み解いて、理解していく、という手法なんですね。

**いと**　言葉と文字とは一致するのですね。

**吉野**　はい。言葉の裏には数霊、つまり数があるんですけれど、人間の心から発信される音は、日《ひ》の本《もと》の音、日本語48音でできているとカタカムナウタヒ第一首に書いてあります。

その音の組合せが現わす言葉は、振動となって現象化します。その振動が表す現象は文字や形、模様などとなって、真実を伝えています。それらの文字や形、マークなどを私は形霊《かただま》と呼んでいます。

**いと**　形霊ですか。

**吉野**　はい、文字も形と見るんです。ひらがなもカタカナも漢字もすべての現象も、全部、真理を表しています。大和言葉じゃないとダメだとか、文献が無いとか、昔はそうは言っていなかった、などということはありません。

言霊、数霊、形霊とは宇宙の真理ですから、今の時代にそのように実際に振動しているので、その形や文字や数字になって表れています。古い文献が正しいと言っても、どこまで古ければいいのか疑問です。

何故ならその古い文献は、その当時、最も新しい情報だったからです。なので、現在も状況は同じです。

流行語、若者言葉、外来語など、また、外国語であったとしても、それを日本語48音で表現できれば、カタカムナの思念を48音で読み解くことができますし、アルファベットや、その他の文字も共通の形で読み解くことができるのです。

その時代時代に言葉が生まれてくるので、例えば「超かっけぇ」とかいうのも、その時代のエネルギーを表現する言葉なんですね。

**いと**　外国の言葉もすべて、カタカナの48音で表せるわけですね。

**吉野**　日本人が、耳でどう受け取ってカタカナで表すかというのもありますけれども。

**いと**　そうすると、言葉の使い方によってはマイナスのエネルギーを生んでしまうこともあるということでしょうか？

**吉野**　マイナス（陰）、プラス（陽）はありますが、マイナスが悪いとかプラスが善いとかはないんですね。なんていうのかな……。

**いと**　ああ、わかります。

**吉野**　すべてのモノ自体には善悪がないという。

**いと**　そこにいくわけですよね。

**吉野**　凹んでいるものをマイナスと言い、凸型のものをプラスと言っているので、両方があって初めてバランスが取れるんです。

**いと**　どっちが善いとか悪いとか、こだわる必要はないということですね。

**吉野**　はい。それを悪いと受け取った時に、善悪が出てくるんです。

**いと**　自分の受け取り方次第で変わってくるということでしょうか。

**吉野**　基本的には、真理を知ることによって、それを良いと思う方向に受け取ることができれば、未来は自分の欲する良い方向に変わっていきますね！

**いと**　やっぱり本人の受け取り方と意識が、すごく重要になってくるのですね。

**吉野**　はい、まさに「今」とは「心の受け取り方」のことなのです。イマとはつまり「陰《いん》の間《ま》＝凹のくぼみ」、これを「受容（受け容れる）」と呼んでいます。

今入って来る情報を、自分の心でどのように受け取って生きていくかということなんです。なので、今とは、自分の心の中にあります。

自分の心が受け取ったモノが、外へと発信されると、過去になります。

今の心から出た振動が発信されて現象化している。その意味で、私たちが見ている世界はすべて「過去の世界」です。

私たちは、見たり聞いたりすることで心が動きますから、つまり、過去に起きている事柄をみて、どのように心で受け取るかが今のエネルギーを創造しています。それが次の過去（現象）になるんですね。

つまり、「今に生きる」とは「どんな現象も、自分の好きなように受け取りなさい」ということです。その連続が、「自分の人生を生きている」ということになります。

「美しい！」と思ってみると光が見えます。嫉妬の目で見ると自分の暗闇が見えます。今の受け取り方が変わると、次の過去が変わり、過去が振動を失って未来となり、また、今の中に入って来るので、今を変えれば、過去も、未来も変わるということになります。

これらはすべて、言葉を読み解いて分かることなのです。ホツマでもいっしょですか？

**いと**　行き着くところは、いっしょです。

ホツマには具体的な表現はありませんが、私も同じ感覚を持っています。カタカムナから学ぶところは、私にもありました。

見える世界（現象世界）と見えない世界（潜象世界）というのは、やはりカタカムナと並行して学ぶ必要があると思っています。

ホツマには、タカマノハラといった表現があるので、その部分と融合して、お伝えするようにしています。タカマノハラは、潜象世界のことと考えています。

**吉野**　私も次の課題として、ホツマを勉強しなくてはと思っています。ただ、カタカムナウタヒでは、23首に、高天原は「タカマガハラ」と書いてあります。

**いと**　今、ホツマの世界では、歴史的に捉えることを重視し、歴史的な解釈をもって進めるという傾向があります。

**吉野**　誰がどうしてどうなったという？

**いと**　はい。

フトマニ図

ホツマの原理を表すフトマニには、カタカムナの考え方と似ている部分があります。潜象世界（タカマノハラ）のエネルギーを降ろすフトマニというものがあるのですが、それは後に占いに使われました（注　フトマニは、ホツマツタヱと同様の古代文字のヲシテで書かれた古文書）。

フトマニをお創りになった、5代タカミムスビ、トヨケカミ（豊受神）は、宇宙の根本原理をフトマニをもって表現しました。

後に吉備真備《きびのまきび》がフトマニを読み、千百八十字を書き加えたという記述が、野々村家所蔵の文献に見られます。かつて野々村家は、琵琶湖西岸にある水尾《みお》神社の宮司をしていました。

**吉野**　なるほど。神代からの歴史が書いてあるんですね。

いと先生はとても柔軟にカタカムナを見て下さっていると思いますが、他のホツマ研究家の方に何度か、カタカムナについてお話ししたことがあるのですが、ホツマの正当性を深く信じていらっしゃるので、なかなかお話が進まなかった経験があります。

**いと**　それは残念ですね。

**吉野**　本来は、縄文文明が手を取り合って、現代社会が忘れ去っている良い部分を呼び起こす方向に動いていくべきではないかと思いますが。

**いと**　先生によっては、常に自分が正しいと思っていますからね。それは、胸に秘めておけばいいことと思っています。

**吉野**　今は縄文のエネルギー、調和のエネルギーを復活させる時ですね。

**いと**　そうです。戦うと壊れてしまいます。私は一切批判もしないし、論争もしないという立場でいます。もし反論されたら、そのとおりですってお答えしています。他を否定するようなことは避けたほうがいいですね。

ホツマも、カタカムナも、古事記も、日本書紀もすべて融合して一つの世界にしないことには、争いが起きてしまいます。

争いからは、新たな命は生まれてきません。各文献には、それらが書かれた時代背景があり、それを理解したうえで、本質を掴もうとする姿勢が望ましいと思います。もちろん、記述の相違点は十分に調べた上での話となります。

**吉野**　私も、現象として現れているものはすべて受け入れる。すべて受け入れて、批判はしないです。それらは現象化した過去ですから。これからの今を変えていけばいい。

**いと**　そうですね。批判すると、自分の心に批判の心が芽生えて、自分の中でも戦い始めます。

## ナは、仲良くのナ――陰陽の融合を示す

**吉野**　カタカムナでは、ナというのが統合という意味になるんです。

**いと**　よくわかります。

ホツマで使われているヲシテ文字でも、ナという字は、仲良くのナなんですよね。陰陽の融合を示す文字ですから、重要です。

**吉野**　わあー、ヲシテ文字でも、「な」は「⊕」なんですね。カタカムナ文字では、と表しますが、カタカナで「ナ（核）」の形は「十」を表しているので、カタカム「ナ」とは「十」であると読み解きます。そして、「カタカムナ」とは、ヲシテ文字のまさに「な」の文字「⊕」で表します。

ヲシテ一覧

　すべての「核」とは、陰陽が統合する場所だからです。なので原子の核も陽子と中性子があり、「＋＝プラス＝ナ（核）」となっていますね。

　さきほど、アマテラスの話をしましたが、すべては球体であると見て、その球体の核となる「ナ」が、すべてを生み出す光の根源、天照であると見ます。

　つまり、すべての根源は内側にしかない。天照は、自分の生命の内側から輝きだす光だというのです。

　そしてその根源「ナ」は、陰（マイナス）と陽（プラス）が統合してゼロ空間（中性子）となっています。

ゼロ空間からすべてが生まれている、ということですね。

**いと**　そうですね。私もそこに行き着いています。神聖幾何学とか、フラワー・オブ・ライフというのが、まさにその球体の世界を表現していると思います。今、みんなそこに感覚や意識がいっているのではないかなと。

**吉野**　はい。フラワー・オブ・ライフの形が、「天《あま》」という宇宙を表していると思います。いときょう先生もきっと、そういう感覚をお持ちだと感じていました。YouTubeなどで、ホツマツタヱのお話をお聴きしたことが何度かありますが、お話しすればきっと通じる方ではないかと思って、このコラボをお受けしました。

**いと**　私も、YouTubeなどで吉野先生のお話をうかがっているのですが、私の思いと通じるところがありましたので、きっと今日はいいお話になると思っておりました。

**吉野**　ありがとうございます。

**いと**　これからは、対立ではなく本質を掴むことにあると思います。

**吉野**　本当にそうなんですよ。

**いと**　陰と陽、すべてを一つに融合して、その中で心穏やかに暮らす時代に来たと思います。

**吉野**　そうですね。陰と陽のナが統合していれば、多様性というものが活きていきます。違いこそが、輝くという時代になりますから。

**いと**　違いは対立ではなく、輝く……なるほど。そこに思いが向かずに、今、とても苦しい思いをしている人たちが、たいへん多いですね。

**吉野**　カタカムナを読み解くと、命の中心に天照大御神という太陽神が居るので、カタカムナウタヒ80首の中で、71首の中心図象が天照大御神の御神体である八咫鏡図象となっていま

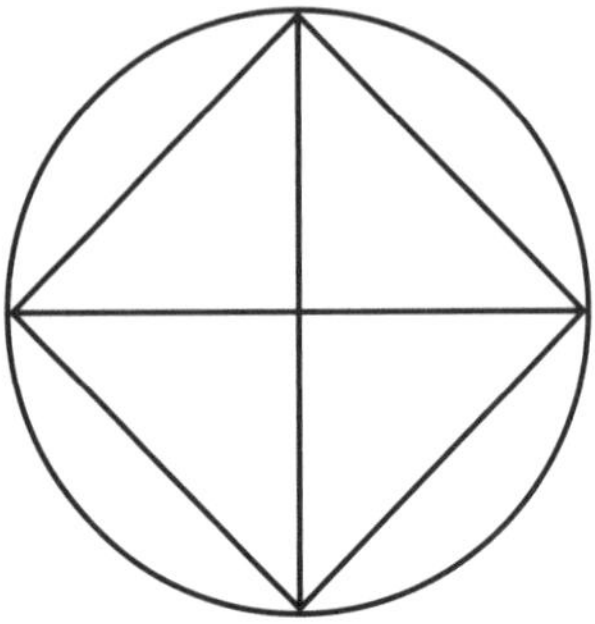

フトマニ図象（カタカムナの核）

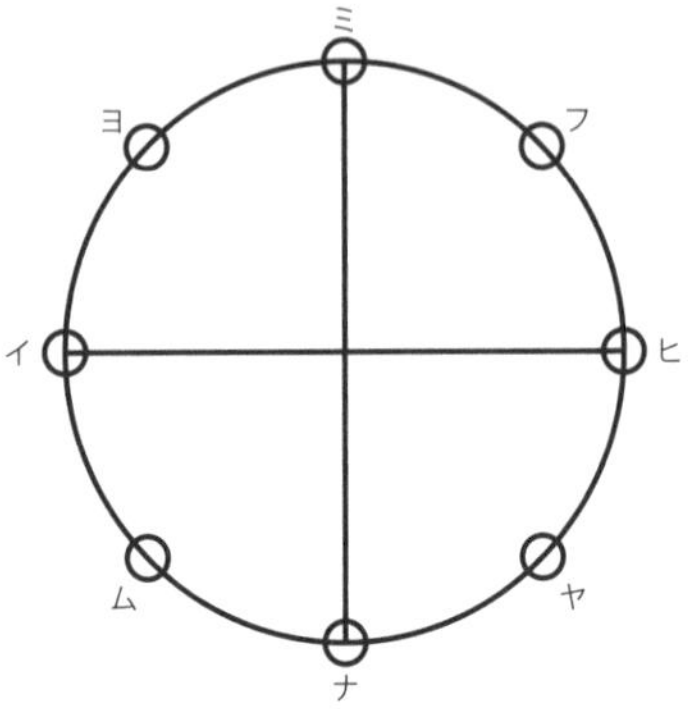


ヤタノカカミ図象

す。その中心から言霊の渦が出て、一首ずつのウタとなっています。

出雲でスサノヲが辿り着いた斐伊《ひい》川は、十字の横線の「ヒ～イ」を表しています。

先ほど、フトマニとおっしゃっていましたが、カタカムナの3つの中心図象の一つは、同じくフトマニ図象と言います。カタカムナの核を表し、ここから草薙剣《くさなぎのつるぎ》のエネルギーが出ると言われています。80首の内、7首がフトマニ中心図象から言霊が出ているウタです。

**いと**　はい。よくわかります。

**吉野**　だから、そこは突き詰めると同じなんじゃないかなと。

いと　おそらくそうですね。

## ビッグバンで柱が立ち、異なる渦が同時に起きる

いと　ところで吉野先生は、渦というものをどんな思いで捉えていらっしゃいますか？

吉野　渦というのは、「一つの渦が巻けば、見えない逆の渦が同時にできるもの」という見方です。一方方向の渦は、自然発生的に逆方向の渦を産みます。

いと　確かに同時に起きますね。

吉野　はい、だから、その二つの渦の繋《つな》がりでプラス・マイナスが相殺され、その繋がりにゼロ空間ができると考えています。そのゼロが核となり、すべてが生まれてくる。

私は、そのゼロ空間を「プラス渦とマイナス渦のふたつがとうごうしたマの二つ……つま

り、「フトマニ」であると捉えております。

**いと**　なるほど。

**吉野**　言葉だけではなかなか表現が難しいですが。

**いと**　感覚はわかります。

**吉野**　すべての創造がそこから始まるんですね。

**いと**　ビッグバンで柱が立ち、異なる渦が同時に起きるわけですよね。もともとのすべての世界とは、回転しているような、渦が巻いているような、そんな感覚で捉えています。

縄文人がイメージしたビッグバンは、この図のようなイメージです。

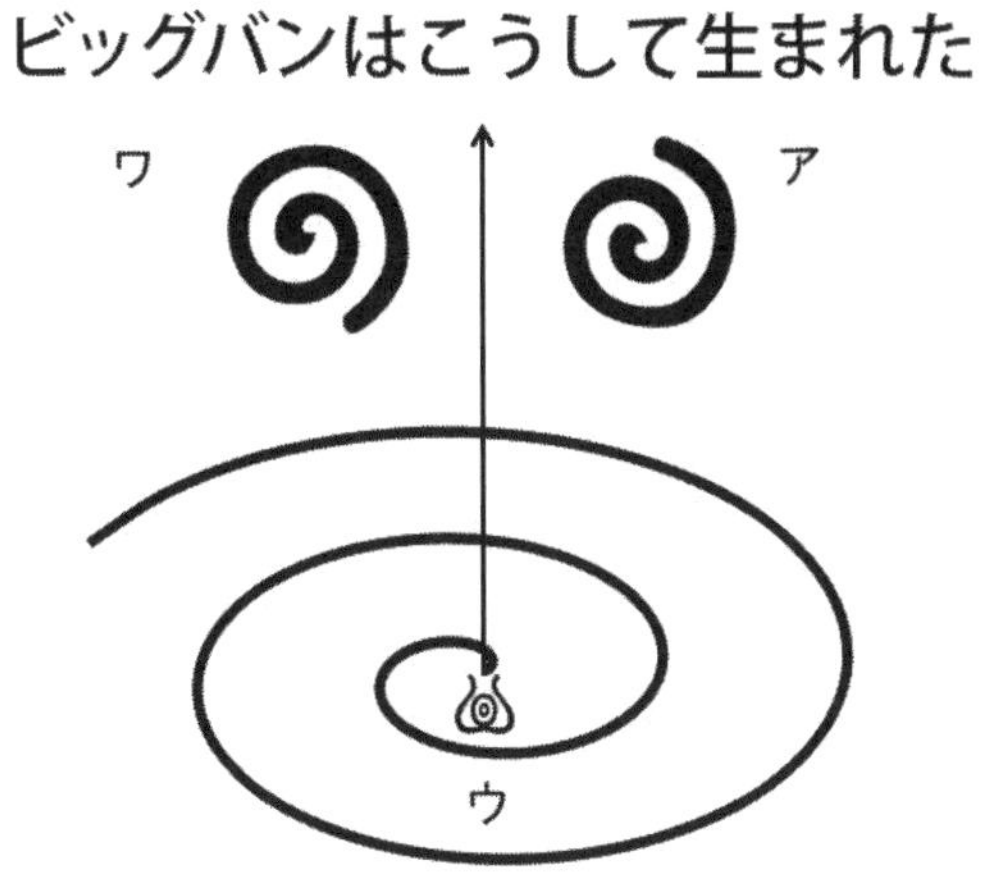


縄文人がイメージしたビッグバン

**吉野**　この図はまさに、私が今お伝えした状況を表していますね。

一つの渦は二つの逆渦からできていて、その中心の核には「ウ＝（生まれ出る）」が発生する。全く同じだと思います。

カタカムナの中心の十字は「9・10（コト）」という渦が入ってきて、ゼロで反転し、「10・9（トコ）」で柱が立ってすべてのモノが生まれ出ます。

それを「トコタチ」と言っているのですが、その「19」番目のカタカムナの言霊は「ウ（生まれ出る）」です。この中心概念がカタカムナとホツマは全く同じだとわかりました。

ありがとうございます。

ちなみに、自然の風も、あちこちに不規則に吹いているように見えますが、地球の総合的な循環から見ると、必ずこちら向きの渦と、逆の渦がエネルギーを相殺するために吹いているのではないでしょうか。

風と言えば、その字のかまえが、九と似ていますよね。

**いと**　そうですね。

**吉野**　九（くう）＝空（くう）なので、「空」を分解すると「ウ＋八＋エ」となり、「生まれ出て八から移ったもの」と読み解け、それは「九」と同じであることがわかります。

風のかまえの九の中にある虫《ムシ》は、「ム＝6の示し」という意味で「6」を表しています。風という字は実は「9」と「6」からできているんですね。数字の形を見ても、やはり反転の渦でできていますね。9というのは、外に出ていく渦、6というのは中に入っていく渦です。これが渦ですね。

**いと**　9と6なんですね。

**吉野**　それを動かしている差が「3」、つまり369（弥勒）の世界ですね。その3という光（熱）が、球体の6、9を回し、循環させているというふうに感じています。

つまり「空＝9」から3を引くと反転して6のポジションへ移り、同時に6＋3＝9となって、6が9のポジションに反転して入れ替わります。

そして球体は、マワリテメグルを続けます。風とはそのエネルギーを感じて、空気が作り出す流れだと思います。いと先生の「糸」という字も、分解すると「く＝九・ム＝六・小」と読むこともできますね。

空と無の繋がった連続が小さくなった形、それは「糸」となる、とも読み解けます。どんな読み解き方をしても、正しく読み解いている場合は、それらすべての読み解きの要素を、その本質は持っている。答えは一つではなく、どの視点からそれを見ているのかが読み解きの違いになるのですが、すべてはその本質を表しています。

そして、勾玉《まがたま》も、実は9と6なのです。勾玉の勾という字を分解すると、「クの中にム」が入っ

勾玉

陰陽図

ていますね。つまり「九の中に六」が入っている玉（球体）という意味で、曲がった玉とは、9、または6の形玉です。勾玉も天照大御神の象徴です。

父のイザナギ命から、「高天原をしらせ（治めよ）」と言われ、振るといい音がするという「ミクラタナ」の首飾りをもらいますが、これが勾玉の首飾りで「言霊」を表します。何故なら、「ミクラタナ」とは思念で読み解くと、「実体が引き寄った場が（陰陽に）分かれて統合している核（ナ）」という意味で、引き寄った形とは、球体を凹ませた陰陽の形を表します。陰陽とは、「太陽（タイ・ヨウ）＝分かれた陰陽）」のことなのです。

陰と陽は統合しているのですが、実在するのは、心の振動から出る陽エネルギーだけです。陰とは物質であり、陽エネルギーの陰（カゲ）なので、本当は私たちが見ている物質は実在しないのです。

本質はエネルギーなので、勾玉は片方の見えない陽のエネルギーだけを形とし、その陰《かげ》と統合した球体として、縄文人は勾玉を身に着けていたのだと思います。陰陽は数としては、「5・4（イ・ヨ）」で表せます。

太陽の数霊合計数は「54」となり、陰陽（太陽神アマテラス）を表していることがわかります。また、勾玉の数霊は「13」となり、言霊の数霊「13」と同じです。

ここから、振るといい音がするミクラタナの首飾りは、言霊の首飾りであることがわかります。

つまり、天照大御神とは、言霊の力で周りを照らす太陽の光を発する神だということですね。

**いと**　そうなりますと、漢字には音読みと訓読みがありますが、どちらでもいいということですね。

**吉野**　はい、どちらでも。

例えば、生という字には26個の読み方がありますが、どう読んでもすべて矛盾がないんです。

言霊も数霊も形霊も、すべては振動ですから、振動の法則に則っています。読み方で本質が変わってくるようでは、宇宙の法則とは呼べません。素粒子から宇宙まで相似する象《かたち》（相似象《そうじしょう》）なんですね。

**いと**　8はどうなんですか？

**吉野**　はい、カタカムナの図象は○十を組み合わせた形⊕ですが、これは数字では9（球＝○）と10（十）を表しています。カタカムナでは、宇宙の次元は11次元あると捉えています。

この9・10（9・1・0）までの次元は、ゼロ（0）という次元を含んでおり、11次元となります。

これは、現代の超ヒモ理論などで提唱している次元数と同じです。

そして、1次元から4次元までは、この現象世界にありながら見えない潜象の姿をしています。つまり、現象世界の反物質なのです。

なので、私たちが住んでいて見えている世界は、5、6、7の3次元世界と、8の時間を表

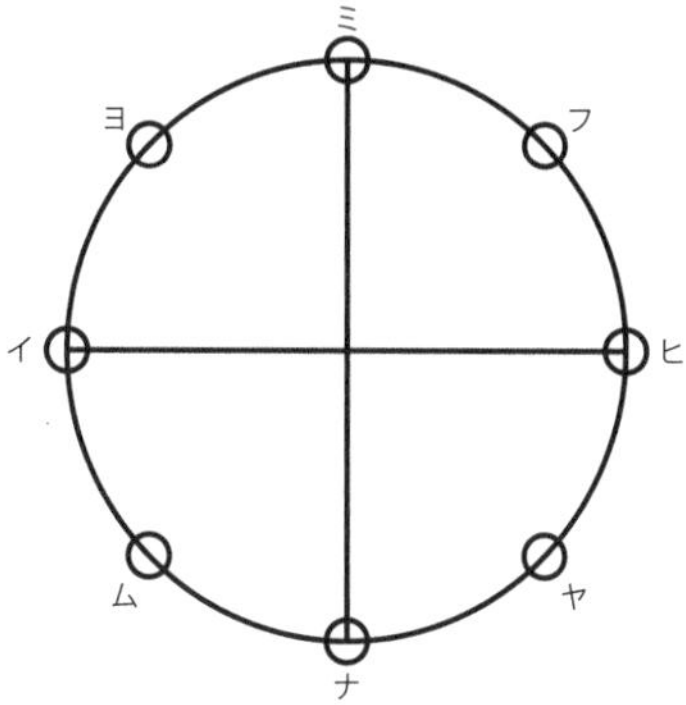


ヤタノカカミ図象

す４次元世界になります。

９になると核の中へと転がり入るので、現世の限界次元が８となり、時のエネルギーとして８の永遠循環（８）をしています。振動エネルギーは、核（心）の９・10→10・９で作られ、潜象、現象の８次元を循環するので、８がこの世界の最大数（飽和数）となっています。

この振動しているものこそ、「９と10」で心が作り出し、８に循環するもの……つまり、「コトバ（９・10・８＝言葉）」なのです。

これが、言葉が神であると考える由縁です。それを図式化したものが八咫鏡図象です。

この図象を見ていただきますと、八咫鏡は、「コ＝大の〇、ト＝十、バ＝八ヶの小の〇」でできています。真理は、必ず形にも表れているものなのです。

**いと**　そうですか。私は、８は現象世界の最大数、９は現象世界と潜象世界の境目、10は潜象世界の数と捉えています。

**吉野**　やはり、共通しているものが窺《うかが》えますね。

**いと**　そうですね。8といえばあともう一つ、八重垣《やえがき》の剣がホツマツタヱ23アヤ「御衣《みは》定め剣名のアヤ」に出てきます。

ここでは、人間の目というのは左右で機能が違うと書かれています。イザナギとイザナミが子どもを産もうとした時に、左目を洗って日（太陽）にお祈りし、右目を洗って月にお祈りします。左目と右目は太陽と月の関係です。

**吉野**　陰と陽ですね。

**いと**　はい。陰と陽です。

**吉野**　闇と光。

**いと**　ええ。アマテラスオオンカミ（天照大神）は、罪なき人を剣で殺してはいけないと、右目だけで剣を練らしたのです。左目は善で、右目は悪。

両目を開けると善人まで切ってしまうということで、右目だけで剣を練るようにと、剣づくりの名人に命じました。

そしてこの名人に、アマメヒトツノカミ（天目一箇神）の称号を与えました。

そしてその剣が、八重垣の剣と呼ばれたのです。

要するに、罪のない人を殺してしまうと、皇室にお世継ぎが産まれないという事態が過去に起きており、それを避けるためにそうしたと解釈できます。

**吉野**　そうなんですね。おっしゃることはよくわかります。右目は「ナ＋ロ」と書き「核の空間（陰＝心）」を表します。左は「ナ＋エ」で「核のエネルギー」を表します。

この二つが統合して時空間ができますが、空間（右目）にはエネルギーが、また、エネルギー（左目）は空間と統合しているので、それぞれが入っているところは逆になっています。

なので、アマテラス（太陽）という光（空間）はイザナギの左目から生まれ出て、月読という エネルギー（月）は右目の空間から生まれたのだと思います。しかし、私たちが見ている「月の光」は実は太陽の光を映した影なので、本当は私たちはどちらも太陽の光を見ているのですね。

そして月の影の部分は地球なので、私たちは夜の月を見ながら、「太陽と地球と月を同時に見ている」と言えます。八重垣とは、八咫鏡のコトでしょう。

## 宇宙のすべてが表されている「ヒフミ九九算表」

**吉野** これは、佐藤敏夫氏が発見した「ヒフミ九九算表」という、四辺が1〜8までの数字で囲まれた九九算表です。

上の辺の数と左の辺の数が交わるところにかけ合せた答えを一桁にして記入します。そうするとこの表ができます。

9＝0と考えます。この四辺が1〜8までの数字で囲まれた四角形を、古事記などに出てくる「八重垣」と言っているのだと、私は思います。

斜めに続いている同じ数字を繋げてみると、八角形やひし形ができますが、これが八咫鏡やフトマニの構造を数字で表しています。

この表には、宇宙のすべてが表されており、縄文の人たちは、この表を知っていたと思わざるをえません。詳しくは、なかなかここではお伝えできませんが、実は、真ん中のひし形の中心から、表を見ている私たちの方向に向かって9のサナギから剣（草薙剣）が出てくるのです。

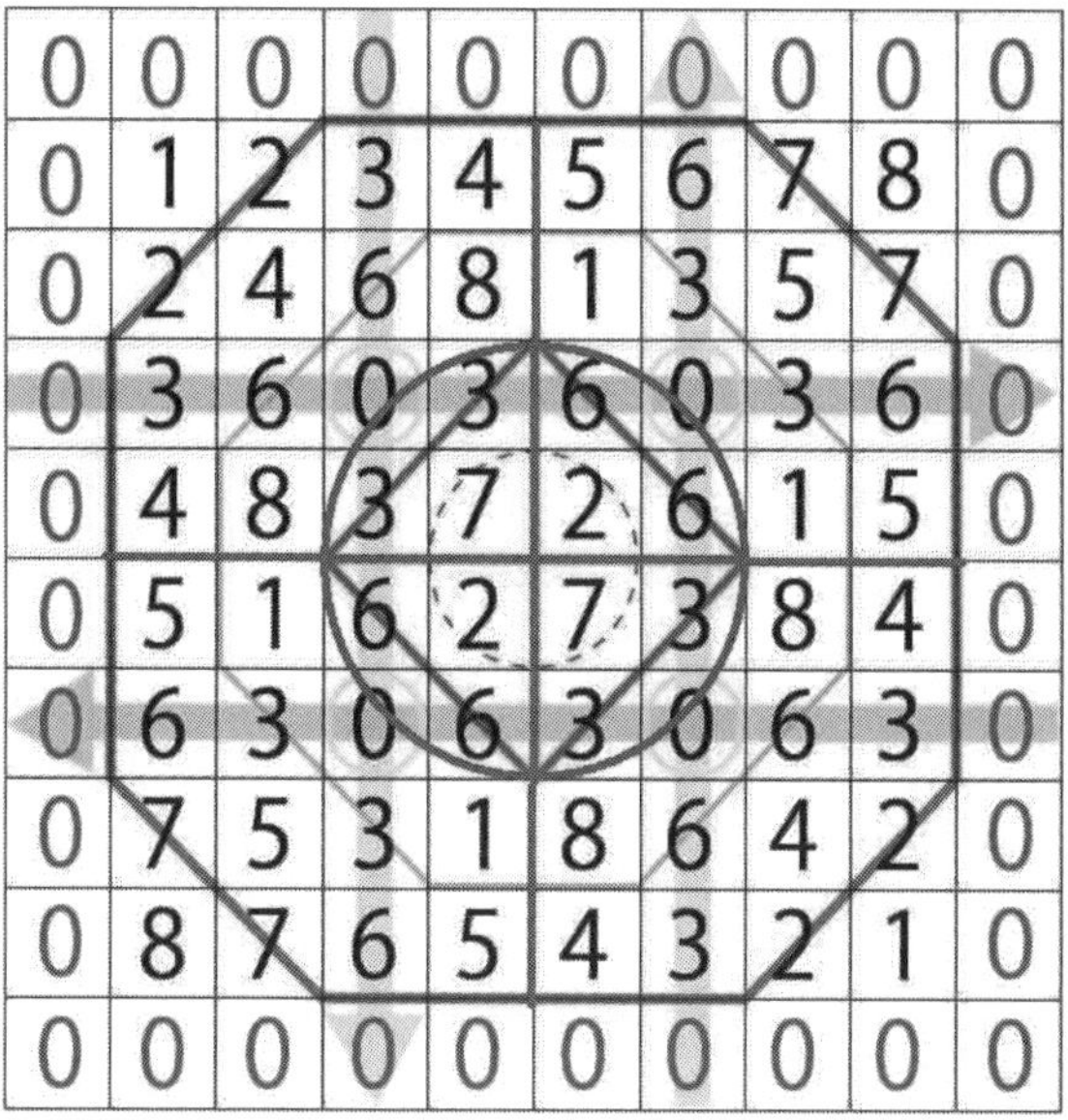

| 0 | 0 | 0 | 0 | 0 | 0 | 0 | 0 | 0 | 0 |
|---|---|---|---|---|---|---|---|---|---|
| 0 | 1 | 2 | 3 | 4 | 5 | 6 | 7 | 8 | 0 |
| 0 | 2 | 4 | 6 | 8 | 1 | 3 | 5 | 7 | 0 |
| 0 | 3 | 6 | 0 | 3 | 6 | 0 | 3 | 6 | 0 |
| 0 | 4 | 8 | 3 | 7 | 2 | 6 | 1 | 5 | 0 |
| 0 | 5 | 1 | 6 | 2 | 7 | 3 | 8 | 4 | 0 |
| 0 | 6 | 3 | 0 | 6 | 3 | 0 | 6 | 3 | 0 |
| 0 | 7 | 5 | 3 | 1 | 8 | 6 | 4 | 2 | 0 |
| 0 | 8 | 7 | 6 | 5 | 4 | 3 | 2 | 1 | 0 |
| 0 | 0 | 0 | 0 | 0 | 0 | 0 | 0 | 0 | 0 |

ヒフミ九九算表

この中心の場所は、図で描くと、右目と左目が重なった一つ目になっており、右目の空間の中に剣という陽のエネルギーを統合することで、陰陽統合の光（言霊）がレーザー光線のような剣となって発信するという構造になっています。

ちなみに八咫鏡の一つ目から出てく

る渦のエネルギーを「三貴子《みはしらのうずのみこ》」と言います。アマメヒトツノカミ（天目一箇神）のアマメヒトツを数えると96になります。天皇もこの目から出るエネルギーを表しているので96の同じ数霊です。9と6を組み合わせると一つ目になりますね。

その中に3＝(sun=son)が入っています。「太陽」、そして「世継ぎ＝息子」ですね。

この目は「マコト」といいます。「真《まこと》」という字を書いて分解すると、「十で統合した、目の・一つを・引き合うモノ」という意味となり、この一つ目を表していることがわかります。また、「誠《まこと》」という字を書くと「言うことが成る」となり、言霊を表します。

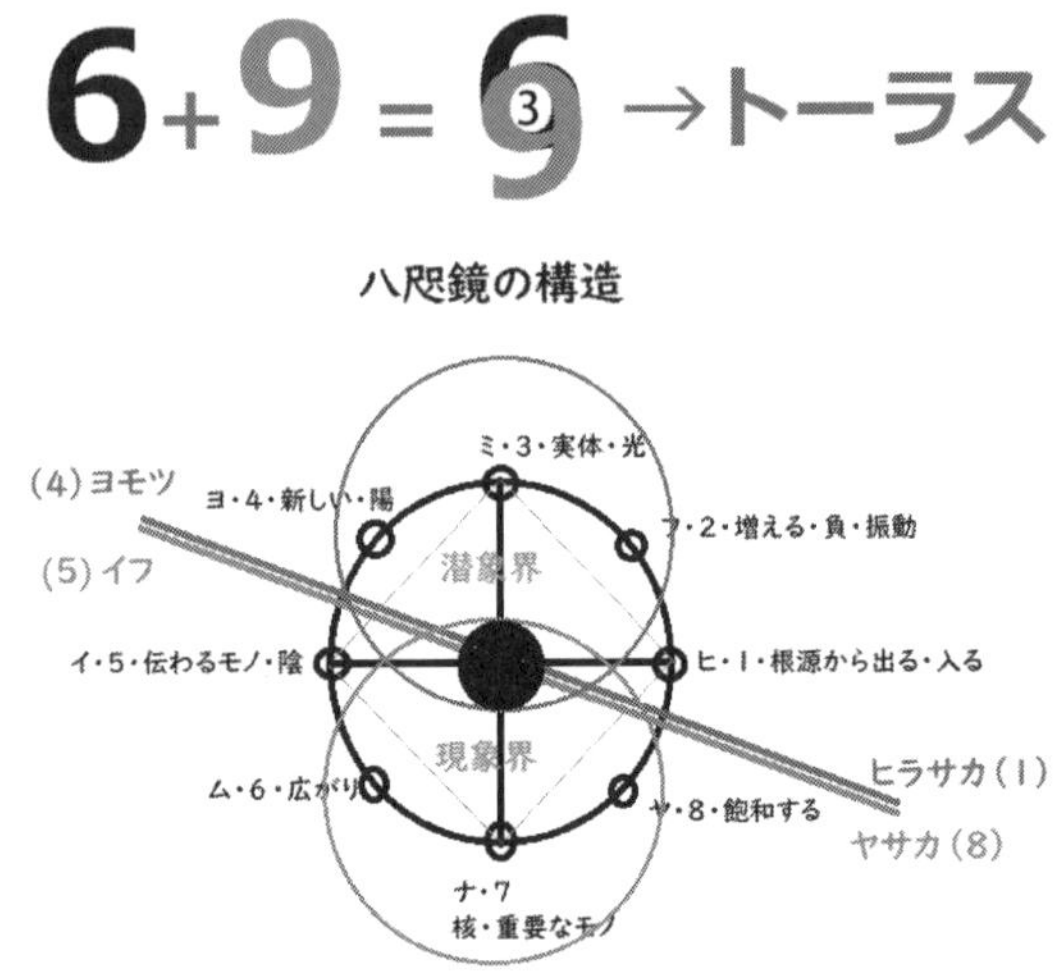


イエス基督・八咫鏡の構造

**いと**　ヲシテ文字でマコトと書くとこのような意味になります。マは宇宙の5元素を降ろす、コはそれを地上界で光となす、トは陰陽融合を持って確固たるものにする。マコト

吉野　内容的には同じ意味だと思います。カタカムナの八咫鏡の八重垣の中には十の字がありますが、これは十拳剣《とつかのつるぎ》といって、スサノヲが八岐大蛇を退治した剣です。心の2次元の中でしか使用できません。

漢字を見て分かるように、「十拳」とは「統合した拳《こぶし》」という意味で、グーをして握ったままの拳のことです。最後にスサノヲが八岐大蛇《やまたのおろち》の尻尾を切った時、十拳剣が欠けて（拳が開いて）、草薙剣が3次元空間へと、心の闇を打ち破って出て来ました。

なので、「八重垣の剣」とは八咫鏡を外から見た場合の呼び名、「十拳剣」とは八咫鏡の内側の2次元世界から見た開かれていない剣、そして、「草薙剣」とは、その2次元世界を打ち破って、3次元の柱となり現象世界に振動する光として飛び出してきた「草薙剣（言霊の剣）」のことを言っているのだと思います。

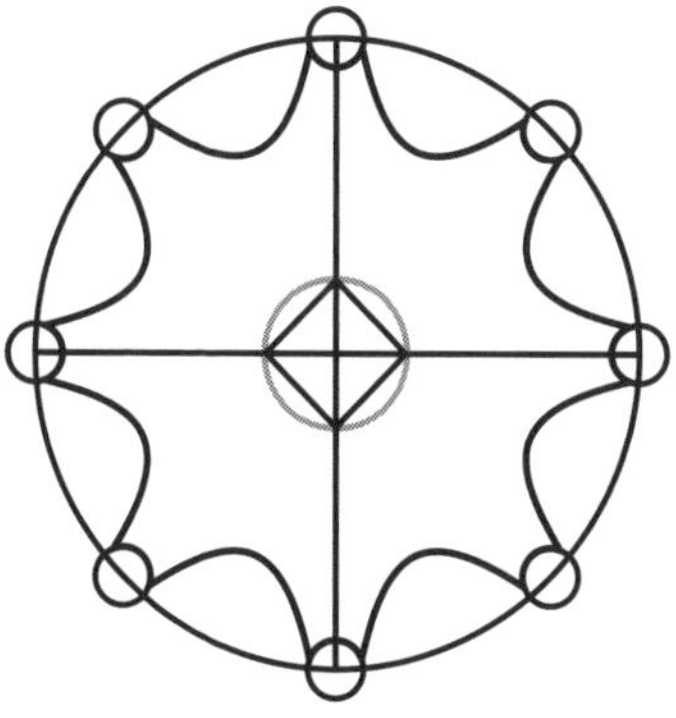

ヤマタノオロチ（八岐遠呂知）

このことはカタカムナウタヒ8首に、

「ウマシ　タカ　カム　アシカビヒコ　トコロ　チマタノ　トキオカシ」

とあります。トコロとは空間（右）、トキとは時間（左）。

「トコロ　チマタノ　トキ　オカシ」とは、「空間（右目）の奥から、時間（陽＝左目）の力は出てくる」ということで、時間（エネルギー）は空間の中に包まれている、という意味です。トキが流れるとは、その空間を打ち破って出てくる振動エネルギーのことですね。言霊の振動エネルギーとはまさに、トキのエネルギーを指しています。

ちなみに、八岐大蛇とは八咫鏡の周りを激しく振動しながら循環する陰陽のエネルギーのことではないでしょうか。数霊は「168」で、転がり入っては、離れるモノとなります。

また、「16＝コ」を9と読むと「9が離れる8（八咫鏡）」とも読めますね。限界数「8」を超えていく「9」は、内側へと転がり入っていきます。

**いと**　十挙剣は、アマテルカミ（天照大神）の夢の中に出てきます。

吉野先生がおっしゃる9が0になるとは、ホツマの読み解きでいくと、こんな感じになります。私たちのいる現象世界の1から8と、あの世、つまり潜象世界、高天原の世界が10、その境が9です。

宇宙には、天《アメ》の胞衣《エナ》という子宮があります。子宮は、潜象世界の中にある現象世界を包む膜（数字の9）のことです。9は膜なんです。

地球（クニタマ）は子宮の中心にあります。（117ページ図参照）

**吉野**　宇宙図なんですか？

**いと**　タカマノハラという大宇宙です。ホツマツタヱ20アヤ「皇孫《すめみまこ》十種《とくさ》得《ゑ》るアヤ」に「いたむこと　あらばヒフミヨ　イムナヤコ　トまで数えて　ふるゐただ　ゆらゆらふるゐ」という歌があります。

ヒフミヨイムナヤコト（一二三四五六七八九十）とは、現象世界（一から八）から天の胞衣（九）にきて、タカマノハラ（十）に繋がります。この十というのはすべてということなんですね。

天皇のお名前に仁《ひと》が付きますのは、一《ひ》から十《と》までに尽くすという意味になります。見える世界（現象世界）だけでなく見えない世界（潜象世界）までも尽くすというのが仁である、とホツマツタヱ4アヤ「日の神瑞御名《かみみづみな》のアヤ」に書かれています。

**吉野**　私はホツマツタヱを知りませんでしたが、言葉と古事記とカタカムナで読み解くと、全く同じ概念になりますね。カタカムナでは高天原は宇宙の膜ですが、その膜が重力により押し下げられて、すべての命の中心に入り込んできていると考えます。

**いと**　そうですね。これを立体的に表現している世界だと思います。

私がここに行き着いたのは、ホツマのみでは分からないからです。この考え方はカタカムナから来ていると思っています。

ただ、カタカムナの読み解き方を、私はまだ自分のものにしていません。このように教えていただいたことはとても嬉しく思います。

**吉野**　私も同感です。ホツマでも同じ概念を表現しているとなると、私もこれからホツマによってたくさんの情報を得ることができると思います。

**いと**　はい。まさにここに、一つの真理があると思っています。

## 海外における日本古代文献研究

**いと**　ところで、海外にも、カタカムナを研究されている方はいらっしゃるのでしょうか?

**吉野**　海外では、今までにカナダを2度訪問して、この時は主に日本人の方を対象に計6回のセミナーを開催しました。

それから、2018年12月にイスラエルに行った時に、4回のカタカムナセミナーを行ったんですね。その時は、ユダヤ人、アラブ人の方々に英語でお伝えしたんです。

日本では、カタカムナやホツマツタヱについて英文で書いた本「THE SACRED SCIENCE OF ANCIENT JAPAN」があり、日本語の翻訳本「ホツマ・カタカムナ・先代旧事本紀」(エイヴリ・モロー、宮崎貞行著　ヒカルランド)も発刊されました。

いと　この本では、カタカムナとホツマツタヱの両方が紹介されていますね。著者のモローさんはアメリカ人なんですが、日本の古代文献の研究家で、東京大学大学院で研究されたのちブラウン大学の博士課程に進まれているそうです。

こうして海外にも様々な古代の文字が伝わり、研究者が現れているというのが嬉しいですよね。

吉野　科学とか考古学の進歩で、縄文の新しい情報がどんどん出てきています。世界最古の文明と呼ばれるものが日本にあるという、それがすごい衝撃ですよね。

縄文時代については、一般的に原始時代みたいなイメージを持っていたところが、実は非常に高度な文明を持っていたという。

いと　そうですね。ところで、日本の古代遺跡ではどういうところにご興味がありますか？

吉野　今までは、北海道から沖縄まで全国の縄文遺跡や磐座《いわくら》を巡って、遺跡や土器、岩などをずっと見歩いてきて、いろいろと分かったことがあります。例えば、六甲山の六甲比命大《ろっこうひめだい》善神《ぜんじん》の磐座ですね。

**いと**　ありますね。

**吉野**　それから保久良《ほくら》神社、廣田《ひろた》神社、あのあたりにすごく大事なものがまだまだ隠されているなと思っているんです。

**いと**　そんな気がしますよね。

**吉野**　先ほど言いましたが、すべての渦は6と9になります。

このことを九州南部の縄文人、熊襲《くまそ》・隼人《はやと》族は熟知していたと思われます。

何故なら、有名な「隼人の盾」は、「9と6が繋がった文様」で、まさに球体の渦の流れを表しているからです。球体のリンゴの皮を繋げて剥くと、まさに隼人の盾と同じ形であることがわかります。

つまり球体とは、「6と9」でできているのです。そして隼人の「隼」の字を分解すると、進む（集まる）統合（十）の人、つまり「九、十」の人、また、読み方から見ると「ハヤト＝8の飽和数から統合する人」となり、まさに八咫鏡図象や⊕のカタカムナを示します。なので、明治維新まで鹿児島一帯を治めていた大名、島津藩の紋章は⊕となっていますね。

島津藩の藩主は、鎌倉時代にこの地に赴任してきたと言われていますが、人間が自分でつけたと思っている形や名称は、実は、時空を超えた、大いなるエネルギーと自分のエネルギー

隼人の盾

りんごの皮

との繋がりによってその形や名前を選ばされているため、自分とその土地の繋がりを表しています。

ですから、名前や数や形を読み解くことによって、その本質が明らかになるのですね。

ちなみに、この形を表す、トーラス（注　外側に回転軸を置いて得られる回転体であり、ドーナツ型）として読み解くと数霊は69になり、同じ形を表す天皇として読み解くと96になるんです。

カタカムナでは９と６の中心（球体の核）に太陽神・天照大御神の３（SUN・SON）が存在するとみるので、天皇家とは天照の太陽神（SUN）の子孫３（SON）として、この渦の中心に存在する方なのです。

トーラスの渦は69で内から外の渦、天皇は96で外から内への渦を表しているので、天皇とはすべての現象を受け取る方だということができますね。菊理姫《くくりひめ》とは、この96＋３＝99（球体）の理を知り、内に秘めた女性、つまり天照大御神の別名（カタカムナから縄文中期までの天照）であると私は考えています。

その頃、アマテラスは女性だったんですね。縄文土偶がほとんど受胎した女性を示していることでも納得できます。天の岩戸開き以降、天皇へと続く系統は男系となっていきます。時代のエネルギーが反転したのでしょう。

また、この隼人の盾の文様を言葉化してみると、王へんはその画数の4から「ヨ＝陽」を表すので、「球体の陽（王）の流れ↓琉球」と言い換えることができます。つまり、沖縄方面からの文明が縄文の根源にあるとみて、私はそれをムー文明だと考察しています。

**いと**　与那国島の海底遺跡とか、すごいものがありますよね。

**吉野**　はい、そう思います。琉球方面から来たムー大陸の末裔、熊襲がユダヤと統合して隼人が生まれたと私は感じています。

そしてそこから、大和《やまと》へと繋がっていった。なので大和という名称は、「おーきなわ」と書きますね。

そして現在、琉球は「沖縄《おきなわ》」という名称で、唯一、縄文の「縄」の字が入っています。これはダジャレではなくて、言葉そのものがＤＮＡとなって、時空を超えて真実を物語っているからなのです。

## アシアトウアンはアシア族の棟梁だった

**吉野**　カタカムナは、「カタカムナヒビキ　マノスベシ　アシアトウアン　ウツシマツル　カタカムナウタヒ」というのが始まりの第1首です。

アシアトウアンとありますが、昔、アシア族という民族がいたのですね。

**いと**　アシア族ですか。

**吉野**　日本の地名には、六甲の芦屋もありますし、北九州に芦屋町というところもあります。両方繋がっていると思われます。

芦屋町は、芦屋釜という、茶道のお釜の最高級品が生まれたところなんです。重要文化財になっている茶道のお釜の8割は、その芦屋町産ということでした。

不思議なことに、私のカタカムナセミナーは、まず、六甲で、そして、沖縄で、そして福岡県の芦屋町でという流れで始まったんです。芦屋町でセミナーをしていた時、偶然にもそこが芦屋釜の産地だと知りました。まだそうした読み解きを知らないうちに、偶然の出会いがあり、そんな流れになったので、後で、全部導かれていたんだなと感じました。

**いと**　なるほど。

ちょっと戻りますが、楢崎皐月さんが中国で盧有三に会われて、そのあと、六甲山でアシアトウアンという方と出会ったんですよね。

**吉野**　いいえ、六甲山では平十字という猟師風の方に出会いました。

盧有三は、満州に住んでいた老子教の道師で、カタカムナと老子の教えには繫がりがあったのではないかと思います。老子教の始まりが、日本からの伝来だったと代々語り伝えられているということも言っていたようです。

アシアトウアンとは、カタカムナウタヒ第1首に出てくる、カタカムナウタヒを写し取ったという人の名前です。アシア族の棟梁だったのではと推測されています。

こんな逸話があります。

楢崎先生と盧有三さんが会っていた建物には入口がたくさんあったので、楢崎先生はその日の気分でいろいろな入口から入っていらしたんですが、盧さんは必ず楢崎先生が入る入口で出迎えてくれたそうなんです。

楢崎先生は、「なんでわかるんだろう？　不思議な人だな」と思っていました。

その後、お茶を入れて下さるんですが、茶釜に水を入れて、沸かす火を起こすのに枯れ葉を5、6枚ぱっと投げ入れたら、もうぐらぐらとお湯が沸いたんですって。

楢崎先生は、製鉄の研究のために、技術者として満州のあちこちの製鉄工場に行っていました。戦時中だったので、特に鉄が必要だったのですね。

鉄について詳しい楢崎先生はそれを見て、たいそう驚いたそうです。

「枯れ葉5、6枚でお湯が沸くというのは、自分が知っている熱伝導率を超えている。この釜はいったいなんだろう？」と。

「この茶釜はどこから手に入れたんですか？　欲しいので、譲ってくれませんか？」と聞くと、

「これは昔々、アシア族という八鏡文字を書く民族が日本にいて、その人たちがつくったものだから、日本に帰ったら捜してみなさい」と言われたそうです。

それで、終戦になって帰ってきた時に、八鏡文字を書くアシア族、という言葉を頼りに探し始めたのです。それが、先ほど述べた九州の芦屋町の茶釜だったのではと私は思います。

アシアについては、六甲の芦屋が有名ですね。

楢崎先生はその頃、六甲山で土地の電子のエネルギーを調べたり、いろんな実験をしていたそうです。

そこに、平十字という猟師風の人が、糸などを使用した実験道具で、動物たちがけがをしたりして危ないから外してくれないかと言ってきました。楢崎先生がすぐに「すみませんでした」と言って外したので、平十字さんは好感を持ち、2人は親しくなりました。

そして、平十字さんが腰に巻いていた、カタカムナ神社のご神体であるという巻物を、「見たら目がつぶれるからめったには見せないけれど」と言いながら見せてくれたそうです。

その巻物には、不思議な記号のようなものが渦状に描かれていました。真ん中が、八咫鏡のような記号でした。

**いと**　八咫鏡ですか。

**吉野**　はい。その記号は全部文字であるとのことだったので、盧有三が言った八鏡文字とはこれではないかと直感して、

「この文字を写させてもらいたいから、貸してほしい」とお願いしたのですが、

「それはご神体だから貸すことはできない。自分が毎日持ってくるから、見てる前でなら写してもいいよ」ということで、20日間かけてそれを写しました。

それが、カタカムナ文献という名前で残っているんです。その巻物自体は、どこにあるかもうわかりません。

その後、平十字さんという方について、調べてもなんの痕跡もなくて、一切分からなかったそうです。山窩《さんか》といわれる人たちのお一人だったのかもしれません。

## ホツマを学べば、人が生まれ変わることが分かる

**いと**　私の父が、鹿児島県の徳之島で生まれたのですが。

**吉野**　縄文の隼人ですね。

**いと**　はい。

私の先祖は源氏といわれ、ノロクメという役を琉球王から授かり、テイノナヨクラ・ツキノマシラキという御神名をいただいていました。

ノロは女性の神官で、ノロクメはノロを司る役職です。徳之島糸木名《いときな》の地で水田を復興(再開発)しており、先祖の名には米(米愛、米富など)が付いています。

元は徳之島・馬根(マーネ)におりました。マーネとは、美味い米という意味です。

また私は、源為朝が琉球王朝を開いたという話は、本当のことと考えています。

ホツマを学んで分かることは、すべての先祖との繋がりですね。

私は、お米にかなり思い入れがあります。ホツマには、イサナギ・イサナミがアワ歌を歌って水田開発をしていたことが書かれています。

また琉球には、源為朝が八丈島で死なず、琉球に渡り琉球王・尚氏《しょうし》の祖となったという説があります。

昨年、偶然沖縄に行った時に、初代琉球王が為朝といっしょに祭られている祭壇を参拝させていただきました。

御嶽《うたき》から見える久高島《くだかじま》に一時身を隠したとか、お墓があるという噂もあります。

そういった経緯もあり、「ウエツフミ（上記）」（注『上記』の序文には、1223年（貞応2年）に源頼朝の落胤《らくいん》とも伝えられている豊後国守護の大友能直《おおともよしなお》が、『新はりの記』や『高千穂宮司家文』等の古文書をもとに編纂《へんさん》したとある）という古代文字（豊国文字）で書かれた文献があったのではないかと推測します。

ホツマを学ぶことで、人は生まれ変わることがわかります。後に現れる子孫は、生まれ変わった人ということになります。

生まれ変わった子孫が、過去の先祖の思いを持って今でも活動していると考えています。

そして私自身は地球のため、世界の平和のためにホツマの普及と研究を通して、できることをしたいと思っています。

その思いが、ホツマツタヱの神髄を解き明かし、多くの皆様に、講演や本などで知っていただくという行動の原動力になっていると思います。

古代文字はとても大切ですが、そこに対立を起こしてはいけないという思いの中、吉野さんとお会いできたので、とても嬉しく思っています。

**吉野**　私も本当に嬉しいです。やっぱりそういう繋がりなんですね。それにお話の中で、「元は徳之島・馬根（マーネ）」におりました。マーネとは、美味い米という意味です」とおっしゃいましたが。マーネ（馬根）とは、八方向の「米の中心」という意味なので、「美味い米」という解説はとてもよくわかります。

私も2018年はずっと隼人の研究をしていたので、琉球、南九州、隼人を行ったり来たりしていました。神話では、コノハナサクヤヒメやニニギノミコト、イワナガヒメ等、すべてあちらの出身ですよね。

それで、いろいろと読み解きをしていろんなことが繋がりました。

**いと**　そこはホツマと解釈が異なります。ニニキネ（ニニギノミコト）は、東北・多賀で、コノハナサクヤヒメは河口湖で、タマヨリヒメは、賀茂川（京都）で生まれています。

沖縄はウエツフミの世界ですね。

ウエツフミは源頼朝の長男・庶子（注　正妻でない女性の生んだ子）、大友能直が神代文字で書いた書ですが、沖縄は二人のナギ、アワナギとツラナギが生んだ国と書かれています。ホツマではアワナギは7代目アマカミ（天皇）イサナギの父にあたります。

でも、その話は嬉しい話です。私の祖先は源氏、そして奄美ですから。

**吉野**　そうなんですね。河口湖に産屋ケ崎《うぶやがさき》神社というところがあり、コノハナサクヤヒメが豊玉姫の出産に産着をもってお祝いに来たところとありましたが、コノハナサクヤヒメのお生まれは河口湖付近となっていたのですね。その情報は有難いです。また、カタカムナで繋がりを発見することができるかもしれません。

**いと**　私の父方の祖母が、星野という姓なんですね。

**吉野**　はい。

**いと**　いつか星野のことが知りたいと思っていたところ、２０１８年、沖縄でセミナーをした時、その会場のオーナーが星野さんという方だったのです。

そこで、私の先祖のことを知っていますかと聞いてみたら、血縁的にもすごく近い人だったのです。この出会いは全くの偶然でしたが、「私たちが大事にしているところがある」とおっしゃって、普段は隠されている場所に案内してくれました。

**吉野** 沖縄の本島ですか?

**いと** はい、そうです。そこに、源鎮西為朝《みなもとのちんぜいためとも》が祭られていました。

**吉野** 沖縄を拓いた方ですよね。

**いと** ええ。私の先祖と繫がりがあると直感しました。

**吉野** そうですね。そこには平家も源氏も来ていますね。

**いと** はい。来ています。

## 古来、日本語は世界の共通語だった?!

**いと**　これまで私たちは、日本人を島国の民と小さく考えていましたが、古代においては、縄文人は世界中に行っている可能性があると思っています。

近年では、アメリカインデアンと日本人の関係まで言われるようになりました。

**吉野**　そうですね。以前、アメリカ西海岸近くで縄文時代の草鞋《わらじ》らしきものがたくさん出土されたとテレビで放映されていましたね。

アメリカ大陸に最初に住み着いたのは、縄文人ではないかと。

縄文人がアメリカ大陸に行っていたのなら、アジア大陸のあちこちにも当然住んでいた可能性は大きいです。やはり、アジアの由来は、アジア族から来ているのではないかと感じています。

**いと**　ああ、アジアからですか。

**吉野**　アジアは、英語ではasiaと書きますね。
アジアの西端イスラエルの言語であるヘブライ語でも、日本語と発音や意味がとてもよく似た言葉がたくさんありますので、言語の起源が繋がっているのではないかと考えています。

**いと**　並木良和《なみきよしかず》さんが、東京大学名誉教授の矢作《やはぎ》直樹先生とコラボセミナーをしています。

**吉野**　はい、お二人とも有名な方なので、お名前は伺ったことはあります。

**いと**　並木さんは、人は5万年前に宇宙人によって創られた、という表現をされていますね。
ホツマには、ある神様のような方が、世界中に子どもの種を配り置いたと書かれています。

**吉野**　5万年前にですか？　スゴイお話ですね！

**いと**　私は、人類が生まれたのは5万年より前だと思っていますが、ホツマには天御中主《あめみなかぬし》という方が登場します。

この方は霊的な方で、自由に地球を飛び回ることができたのではないかと思います。アトランティス、ムー、レムリアの文明が滅び、大陸がいったん泥の海に沈んだ後、生きのびた人のために、世界を飛び回り、子種を配り置いたこともありました。それは、紀元前1万3000年頃ではないかと推測します。

生きのびた人は、森を円形に開き、女性をリーダーとして生活していました。その女性から生まれた子どもたちが各地でリーダーとなり、世界の文明をつくったと私は理解しています。天御中主の子孫で日本に現れたリーダーが、国常立《くにとこたち》であるとホツマには書かれています。たぶん、世界中の人間はある時期、同じ考えを持っていたのではないかと思います。

**吉野**　国常立が日本のリーダーだったとホツマに書いてある意味、よくわかります。日ノ本をカタカムナで読み解くと「クニ」となります。そこから立ち上がる神を読み解くと、「クニトコタチ」となります。また、世界が同じ言葉でしゃべっていたということもありますよね。

**いと**　はい。同じ意識があったというか、そんな印象は私も持っています。

**吉野**　私もそう思っています。それが、日本語だったんだろうと。

**いと**　その可能性もありますよね。

**吉野**　私たちは2018年12月に、「カタカムナ・イスラエル伝道ツアー」と称してイスラエルに行きました。その前に、聖書を研究したんですが、日本語で全部分かるんですよ。ヨハネというのが四八音《よはね》と表せますよね。まさに、日本語の四八音です。

福音というのは、言霊という意味です。48音の言霊ですね。

そして、聖書という字は、日本語で読み解くとその意味がよくわかります。

「聖」の字は、分解すると、耳と口が王であると読めますよね。耳で聞いて口で話すものとはすなわち言葉ですね。

つまり聖書とは、言葉こそが最も力を持つ王であり、それこそが「聖」なるものであるという教えを説いた書物であるということになります。

今のキリスト教の聖書解釈が違うのではと思う個所は、例えばキリストの口から剣を出して戦うという記述が何度も出てきますが、この、「口から出す剣」というのは、つまり言霊の剣のことだと思います。日本の草薙剣も同じ意味です。

何故なら、カタカムナウタヒのフトマニ中心図象から草薙剣は出てきます。ここはトーラスの穴、つまり、生命エネルギーが噴き出す大神の口なのです。

ウタヒではそこからヒフミヨイと言葉の渦が出てきています。なので、聖書の口から剣を出して戦うとは、口から出る真心の言葉によって、抵抗しているものを説得するという意味だと考えられます。

本当は、真心の言葉こそ、相手を感動させ、戦いを止めさせることができる最も強力な武器であるということを、キリストは言いたかったのでしょう。そう読み解いている人はキリスト教伝道者の中にいなかったので、キリスト以降も世界に戦争が絶えることはありませんでした。

紀元前も紀元後も、世界では常に戦いがありました。地球史上、一万年以上戦争が無かったとされる日本の縄文時代を除いては……。

そこに気づかなくては、世界に平和は来ませんね。

**いと**　たしかにそうですね。結局、武器を使って人を殺すという話になりますものね。

## ヤマトタケルと「言霊の剣」

ちなみに日本の神話で、草薙剣はスサノヲがヤマタノオロチの尻尾から発見したモノですが、その草薙剣を実際に使って戦ったのは唯一、「ヤマトタケル」でした。

**吉野**　本当にそうです。

カタカムナウタヒに出てくるフトマニ中心図象から飛び出してくる言霊の剣を「草薙剣」と言いますが、もしそれが天皇家の三種神器の一つの草薙剣だとすると、ヤマトタケルは言葉の力によって日本中を平定したことになります。

物語では、熊襲征伐は、若いヤマトタケルがある意味卑怯な手を使って、熊襲の棟梁を惨殺したように語り伝えられていますが、鹿児島では、何故か今もヤマトタケルは大人気です し、ヤマトタケルが船で上陸したところは若尊鼻《わかみこばな》と名付けられ、そこの若尊《わかみこ》神社には、ヤマトタケルが祀《まつ》られています。

そして、殺した熊襲の棟梁にまで気に入られ、棟梁の死の間際、その棟梁の名前「タケル」を襲名します。出雲でもやはり、卑怯な手を使って出雲タケルを殺しますが、その名前を自分の名としています。その人の名を受け継ぎ、その使命を受け継いで生きることを「襲名《しゅうめい》」すると言いますが、熊襲の「襲」をつないだ「襲名」という言葉は、何故かその状況をピッタリと表しています。

これは私の見解ですが、草薙剣は「言霊の剣」なので、ヤマトタケルの真心の対話によって、敵側は平和裏に権力を移譲したけれど、移譲した相手の顔をたてて、卑怯な手法によって打ち破られたのだと、ヤマトタケルが、あえて汚名を着たのではないか、また、倒した敵の名を受け継ぐとは、その人の意思を、その人に代わって引き継いでいくという契約を結び、決意を表明したということではないかと思います。

そうでなければ、戦って勝利したのに負けた方の名を引き継ぎ、その名前で生きていくというのは理解に苦しみます。

もし、これらの戦いを武力で勝ち取ったとしたのなら、ヤマトタケルが平定した政権の名を「大和（ヤマト）」＝大きな和」とは命名できないだろうし、また、実際、彼の人生は、民衆と女性にとても敬愛されていました。

全国の神社で神として祀られていますし、お妃の弟橘比売命《おとたちばなひめ》は、彼の命を助けるために、自ら荒れ狂う海に身を投じます。

また、叔母の倭姫にも愛され、天皇の三種神器の一つである「草薙剣」を授けられます。亡くなった時は、白鳥になって西の空へ飛んでいきますが、妃や子どもたちが足が傷つくのも顧みず、泣きながらヤマトタケルの白鳥を追いかけて行きました。

何故、死んで魂が西へ戻ろうとしたのか？　私は、彼らの祖先が西から来た人たちだったからではないかと直感しました。人は死ぬと、故郷に戻りたいと思うからです。

自身は天皇にはならず、大和を平定し、戦いに次ぐ戦いで亡くなっていますが、どこにも大軍で攻め入ったという言い伝えはありません。

実は、言葉を読み解くと、「クサナギノツルギ」とは、草をなぎ倒す力のことで、群をなす弱い羊が持つ力なのです。別名、「天叢雲剣《あめのむらくものつるぎ》」とも言い、「叢雲《むらくも》」とは「集まり群がった雲」のコトですが、よく見るとその漢字の中に「羊」が「取る」という字が入っています。

これは、実は一頭では弱い羊が「大きな雲」のように群がって引き寄り漂うと、広大な草原の草をも薙ぎ倒す力を持つ「草薙」という意味だと思われます。

自分を「神の羊」と称したのは「イエス・キリスト」ですが、ここで言う羊が取る剣とは、言葉を話す、集合した人間が持つ力を表しており、それは、集合意識ということです。

キリストの言うように、人間はみんな、母の胎内から羊水に包まれて生まれ出た羊です。日本には当時、羊はいませんでしたから、ヤマトタケルの一族は、羊がすでに生息していた大陸から来た、ユダヤの民だったのではないかと思います。

「美しい」という字は、「羊が大きい」と書きますが、この感性は、やはり草原の民の感覚が日本に入ってきていたということでしょう。日本は古来より、自然は変化に富み、季節ごとの植物などが色とりどりでキレイですから、羊が大きいから美しいと感じるような感覚はありませんね。

また、先ほど99の理を知る縄文の天照だと私が述べた、白山比咩大神《しらやまひめのおおかみ》（＝菊理媛尊）の咩を「メ」と読み、「口に羊」を食べる「大神（狼）」と表現するのは、生命の永遠循環のなかで、その根源神の口（トーラスの穴）が生死を司っている、ということを表しているのではないでしょうか？

羊（人間）が狼（大神）に食べられる時、「メー」と鳴きますね。縄文人は、死を善悪で捉えるのではなく、「ゆだねる」「有難く賜る」という感謝の感覚で、大神を最高神として祀っていたのではないかと思います。永遠の生命を確信していたからでしょう。

その死生観を持つ縄文人とユダヤの民が統合して、磐座や山などの自然物を御神体としていたところに、神道として神社をつくり、後に御神名を漢字で表記していった。そして日本を創っていったのだと私は思います。

また、日本武尊《やまとたけるのみこと》のヤマトを「日本（やまと＝ひのもと）」と書いた人は、やはり西から来た方なのでしょう。

その視点は、西に在りました。

何故なら、日本本土から日の出を見ると、太陽は常に東の海から登って来るからです。

日本を離れたことのない人たちは、住んでいるその土地を「日の本」とは表現しません。

その意味では、「日出づる処の天子」と中国に書簡を送った聖徳太子もまた、西から来た一族だったのかもしれません。

日向族という勢力がありましたが、彼らは太陽の昇る場所を求めて、常に太陽に向かい、長い長い旅をした人たちだったのかもしれません。

そして、日本という日の本にたどり着き、今度は、縄文人が彼らを受け容れ、縄文人たちと結婚し、縄文の神と繫がって子孫を増やし、戦いを止め、今度は日本人として、平和な国を建設するため、日を背負って戦おう、自分たちが太陽となって世界を照らそうと決意し、日の本の人となって、日本を築いてきました。

しかし、それら西から来た人たちも、実はそれより昔、日本の縄文以前に、日本から世界に出たアシア族の人たちの子孫だった。そんな循環する悠久の流れが見えてきます。

それでは、私たち日本人の祖先とはいったい、何なのか？

日本を作り上げた人たちが、世界中から来た人たちだったとすると、そしてその人たちが元々日本の兄弟姉妹だったとすると、地球自体が日本だったということになりますね。

日ノ本とは、太陽に対して言う言葉です。つまり、地球そのものを国の称号としている。イザナギとイザナミは淡路島から日本をつくったのではなく、カタカムナで読み解くと、素粒子の粒子性（イザナギ）と波動性（イザナミ）を表しており、量子である物質で地球をつくった神様と読み解けます。

世界の神話がとてもよく似通っているのは、真理は一つだからで、神（真理）の世界に国境も言語の違いも宗教もないのです。

私が「カタカムナの時代が到来しました」（徳間書店）という本で述べた、日本が再び世界の中心になるということは、日本という国がある意味、無くなるということです。

日本と世界を分ける必要が無くなるということ。

もう一度、日本語で世界が繋がるということ。

人類が幸せになる責任を日本が持つということ。日本政府が日本国民に責任を持つように
……。

これは、国粋主義でも権力主義でもなく、その対極にある、世界は一つだったということを、ただ今、日本人は思い出すべき時なのではないかなと思います。

２０２０年の新型コロナウイルス騒動で、世界が一つになって生き延びるために闘う必要性が出て来ましたね！　一国だけが無事ではいられない状況です。

そして、コロナとは太陽が放つ光のコトで、日ノ本と繋がる。

たくさんの犠牲が出て大変な状況ですが、これを機に、私たちの本当のルーツ、古代人たちが世界の山河や海を旅し、抱き続けた思いを、今こそ思い出す大きなチャンスなのではないかなと思っています。

**いと**　吉野先生がおっしゃる素粒子の粒子性（イザナギ）と波動性（イザナミ）を表しており、という観点は、私はこのように考えています。

宇宙はもともと微粒子しか存在していなかった。その微粒子がスピンし、波動が生まれた。スピンは左回転と右回転があった、この微粒子をホツマではアメミヲヤと呼んでいる。後にアメミヲヤは宇宙の創造神となった。これはあくまでも私の考えです。

日本は、宇宙の成り立ちを、古代文字で表現している唯一の国です。その古代文字は宇宙の生成過程で生まれ、今でも日本語として訓読みなどの音霊で使われているという素晴らしい国です。

**吉野**　なるほど。「アメミヲヤ」が創造神なんですね。数霊でアメ＝28（遮り・神）・ミヲヤ＝59（中心の神）となり、まさに宇宙の創造神を表していますね。合計数87＝「離れる調和」となり、多様化したものを産み出すということでしょう。

## ホツマツタヱ、ヲシテの真理

**吉野**　ところで、いときょう先生、ホツマツタヱ、ヲシテとはどういう意味でしょうか？

**いと**　ホツマツタヱの意味は、ホツマが、宇宙の真理を含め、本当のことが詰まっているという意味で、ツタヱはそれを伝えるという意味です。漢字では秀真伝と表現しています。ホツマの「ホ」は形作られた道を意味し、その道を、宇宙の真理が通過するということです。「ツ」は真理を集める、「マ」は集めた真理を降ろすと解釈しています。

ヲシテという言葉は、ホツマの中にいくつかあります。

トのヲシテ文字は重要です。

ホツマには、トノヲシヱというものがあります。トノヲシヱは初代アマカミ、クニトコタチが示された教えです。

トという字は、ハニ（四角形）にYが合わさっています。

この字がトです。まさに融合・統合を表現しています。

大地において陽（左巻きの渦）と陰（右巻きの渦）のエネルギーを受けて、それを一つにする。それがトという文字です。

古代の指導者は、トノヲシヱ（トの教え）を国家運営の精神的柱にしていました。Yの頭には陽と陰の渦があり、それを一つにして、Yの下にハートが生まれます。まさに、陰陽融合を表す文字です（90ページ参照）。

トノヲシヱの物実《ものざね》が勾玉です。物実とは、シンボル（象徴）のことです。

**吉野**　物実とはシンボルのことなんですね。Yの字で、父母が一つになり、ロの空間から子が生まれてきている感じがしますね。

カタカムナで「ホツマツタヱ」を読み解くと、「ホツマ」とは、「引き離れたり、集まったりするマの空間」という意味で、「心」という意味です。

ツタヱとはそのまま「伝えなさい」ということですが「ヱ」とは、エと違って特に「相手に届くように」という意味なので、その意味は「あなたの心からの思いを相手に届くように伝えなさい」という意味になります。

つまり、「真心を言葉で伝えなさい」ということで、「ホツマツタヱ」とは、私にはその内容はわかりませんが、聖書やカタカムナと同じく、言霊の力を伝えている書だと感じます。

トの教え

日本には、ミロク魔方陣というのがあります。どの列を足しても369になる数列です。この中央には必ず「41」が入る必要があるのですが、その41番目がカタカムナで「ヲ（奥深くに出現する自分の命）」という言霊です。

そしてこのヲこそ、369魔方陣の中心に出る弥勒菩薩ですね。

つまり、「光（天照大御神）を抱いて世界を平和にする自分の命」の数霊です。

私には、「ヲシテ」とはこの「自分の命の光（ヲ）の示し（シ）を発信放射（テ）して！」

と言っているように聞こえます。

**いと**　なるほど。ホツマでは、ヲのヲシテ文字はこれです（《ヲ》）。
まさに発信放射しています。この魔方陣の中の41数字、これがフトマニの中心にある音「ウ」にあたります。フトマニのウは、子宮の中に子種が入っているような不思議な形をしています。ヲシテ文字のヲの文字は、真ん中に点があり、そこからエネルギーが八方向に発信放射している訳です。

真ん中の点はフトマニの「アウワ」を意味しています。この「アウワ」を取り囲んで「トホカミヱヒタメ」の音霊が2周目の円にあり、さらにその外側に「アイフヘモヲスシ」の音霊が並んでいます。さらにその外側に32神が配置されています。さらにその外側

| | | | | | | | | |
|---|---|---|---|---|---|---|---|---|
| 31 | 76 | 13 | 36 | 81 | 18 | 29 | 74 | 11 |
| 22 | 40 | 58 | 27 | 45 | 63 | 20 | 38 | 56 |
| 67 | 4 | 49 | 72 | 9 | 54 | 65 | 2 | 47 |
| 30 | 75 | 12 | 32 | 77 | 14 | 34 | 79 | 16 |
| 21 | 39 | 57 | 23 | 41 | 59 | 25 | 43 | 61 |
| 66 | 3 | 48 | 68 | 5 | 50 | 70 | 7 | 52 |
| 35 | 80 | 17 | 28 | 73 | 10 | 33 | 78 | 15 |
| 26 | 44 | 62 | 19 | 37 | 55 | 24 | 42 | 60 |
| 71 | 8 | 53 | 64 | 1 | 46 | 69 | 6 | 51 |

ミロクの魔方陣

に１６８０００のモノが存在していると17アヤに書かれています。

ヲシテ文字のヲが示す八方向とは、「トホカミヱヒタメ」であり「アイフヘモヲスシ」である訳です。そしてこの１６８０００の根拠は、この魔方陣から読み解くことができます。つまり41×２×８×８×32≒１６８０００（実数値は１６７９３６）と計算できます。

２は二つの渦「アとワ」を意味し、８は「トホカミヱヒタメ」と「アイフヘモヲスシ」、32は32神のことです。41はフトマニの「ウ」になる訳ですが、吉野先生のヲ（奥深くに出現する自分の命）と深くかかわっていると思います（ちなみにこの読み解きは、千葉の数学の先生、小林幸司氏によるものです）。

**吉野**　なるほど。ヲの字は、八方向に広がって、まさに八咫鏡と天照を彷彿とさせますね。

**いと**　真ん中があって、発信放射している。日本語では最後の文字とされるンのヲシテ文字（《ン》）は、実は統合です。エネルギーが中心に入ってきます。

**吉野**　そうなんですね。カタカナでは、ンというのは押し出す力です。これは、かかる音を強めるので、押し出して生み出すことを意味します。

**いと**　出る入るということは、同じ意味でもありますね。

**吉野**　本当にそうですね。循環するので、出れば入る。視点が違うだけで、結局はいっしょですね。

あと一つは、ヰという字。これはカタカムナでは45番で、現在の発音は「イ」と区別がつきませんが、やはり文字が違うので、本来は発音がちょっと違ったのではないかと思います。

**いと**　ヲシテでは、イ（《イ》）はI、ヰ（）はYIと表記できるような音です。

**吉野**　そうなんですね。私は、いろいろ考察して「ゐ＝ヰ」はWi、ウィと読むのではないかと思いました。

**いと**　ウィなんですね。

**吉野**　ヰは、井戸を表しているんですね。井戸から出てくるのはウォーター（water）であり、井戸は英語でウェル（well）と言います。

水が命と言われるウイスキー（whisky）というのもWで始まる。

水の関連は英語でWがつきますね。あと、38番のヱはYe（イェ）と読むのではないかと。ヱビスビールというビールがありますが、そのヱは「Yebisu」と書いてあります。

**いと**　イェなんですね。確かに、ホツマと違いますね。ヲシテ文字のヰは、宇宙の創造神アメミヲヤを崇める音と理解しています。

**吉野**　なるほど、井戸の井の字は、カタカムナでも「存在＝在りて在るモノ」という中心の神を指します。しかし、この発音を私たち現代人は聞いたことが無いので、本当のところはわかりません。ただ、現在使われている言葉を検証すると、そうなのではないかと思っています。

**いと**　確かに私も、実際には聞いたことがありませんから、Yi か Wi かははっきりと言えません。

ただこれは、ヤ、ヰ、ユ、ヱ、ヨのヤ行ですから、Yi と Ye と伝えています。

**吉野**　システム的にはそこに入りますものね。W はどちらかというと女性性を、Y は男性性を表しますので、その違いかもしれませんね。

**いと**　それと、音の並びですが、ホツマは、アカサタナ、ハマヤラワの並びではなく、アカハナマ、タラサヤワです。

「アワの歌」は、天から地に行くエネルギー（アカハナマから始まる24音）と、地から天に返すエネルギー（タラサヤワで終わる24音）を融合させます。

**吉野**　イザナギ、イザナミの歌ですね。

**いと**　はい。イサナギ（陽）とイサナミ（陰）の流れを意味しています。

**吉野**　アイウエオがこれから来ているんですね。

**いと**　はい、そうです。

## 兆形《まちがた》から文字が生まれてくる

**いと**　ところで、宇宙は渦の世界ですが、ビッグバンが発生した時に、二つの力が生まれます。永遠に広がって行く力（陽）と、中央に向かう力（陰）の二つです。

それを表現するために、正四角形とひし形が使われました。正四角形が陽の世界であり、ひし形が陰であるという考えです。

これを、兆形《まちがた》といいます。落合直澄《おちあいなおずみ》という幕末・明治期の神官であり国学者であった方が、兆形を紹介しています。

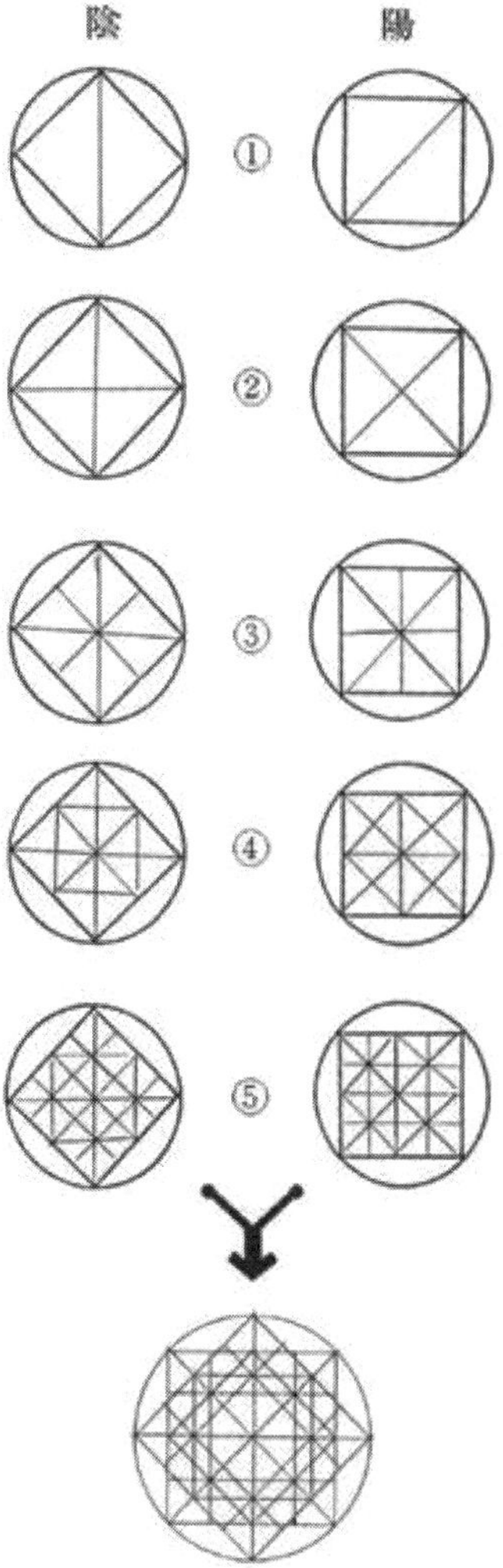


**吉野**　おっしゃったこと、とても理解できます。兆形と言うのですか？「マチ」とは、中央が凝縮しているという意味です。まさに蝶々やリボン型を表していますね。カタカムナで八咫鏡を読み解くと、「兆（チョウ）」の字が入った、「モモ（桃）」型で見ます。

桃という字は、「木＋兆」でできていますね。そしてモモとは「百」とも書きますので、数字的には「100」を意味していますが、数の単位としては「兆」を表しています。

私はそれは、イサナギ（5のサナギ）、クサナギ（9のサナギ）のサナギから生まれた蝶（兆）であると読み解いています。

エネルギーと物質を、サナギ（粒子性）とチョウ（波動性）として表しているという意味もあります。そして、サナギからチョウが生まれることを、岩戸を開くという意味だと理解しています。

縄文遺跡や弥生遺跡から「桃の種」がたくさん出てくるというのは、桃を（陰陽の蝶とみて）種をサナギ、二つに分かれたその形を陰陽の象徴としてお祭りしていたということだと思うのです。

このモモのモは、カタカムナでは33になっています。モモとは3が連続するという意味です。また33＋33＝66で「心」という意味になります。

古事記の中でイザナギが、黄泉の国から逃れるために、出口で桃の実を3個投げつけて、この世に戻ったという逸話がありますが、私はこれを33×3＝99で、自分が命の＋1となって、百（もも）となったので、イザナギ命は、内側の世界から反転してこの世に戻れた、という意味を古事記は教えてくれていると受け取っています。

兆形という言葉が同じだったのでビックリしました。ホツマでもやはり「兆」なんですね！

**いと**　なるほど。ホツマには兆形という言葉はありません。落合直澄が使っていた言葉です。兆形の陰と陽は、5つの段階を経て分割されます。2分割、4分割、8分割、16分割、32分

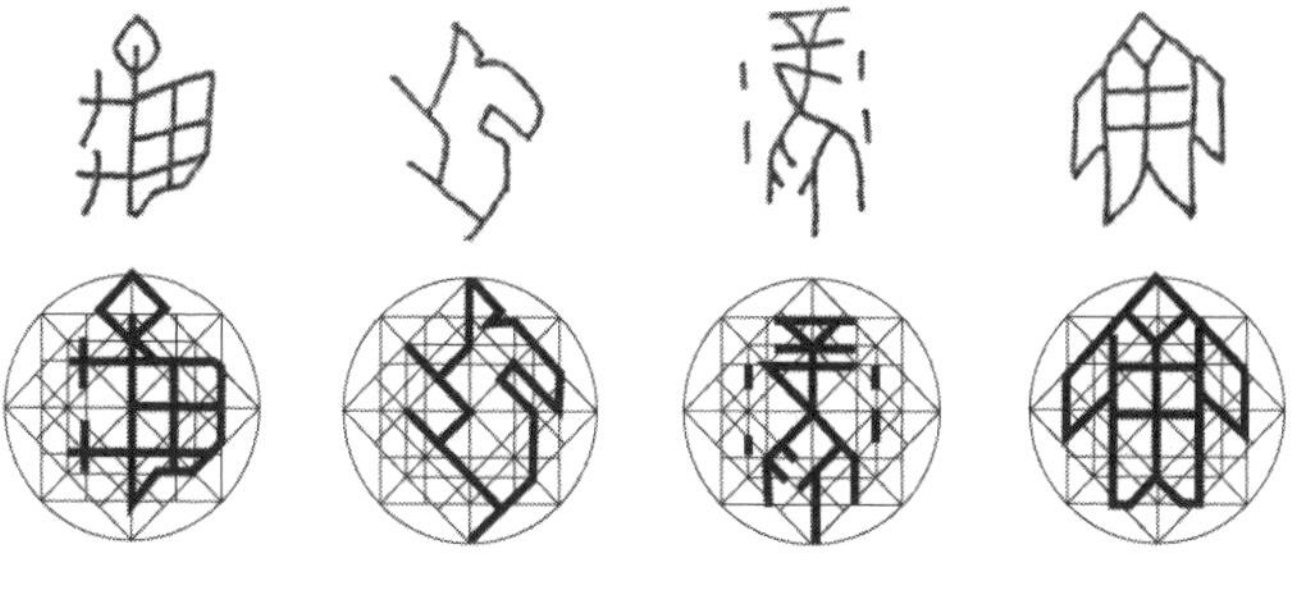

龜　兎　鳳　魚

兆形文字①

割というふうにです。

これは、宇宙が小さな生命になっていく過程でもあります。

落合直澄は、陽の兆形（正四角形）しか発表しなかったので、ここから文字が生まれるということが理解できませんでした。

ところが、陰と陽を合わせた形が、正しい兆形なんです。これを示した方が、正気久会《まさきひさえ》という方です。この兆形で生まれてくるのが、甲骨文字《こうこつもじ》というものです。

ほかには、銅鐸《どうたく》の模様もそうです。銅鐸にある円模様というのは、この兆形から生まれています。

エジプトの模様も、それぞれ共通して兆形から生まれています。

カタカムナも、この兆形から生まれてきていると考えることもできると思います。

要するに、この兆形というものが何を言っているかといいますと、すべては完全なる陰と完全なる陽の融合の中から生まれるということです。

実は、これこそが神の表現です。文字は、今は伝達の道具でしかないですが、文字そのものが神であるという考え方になります。

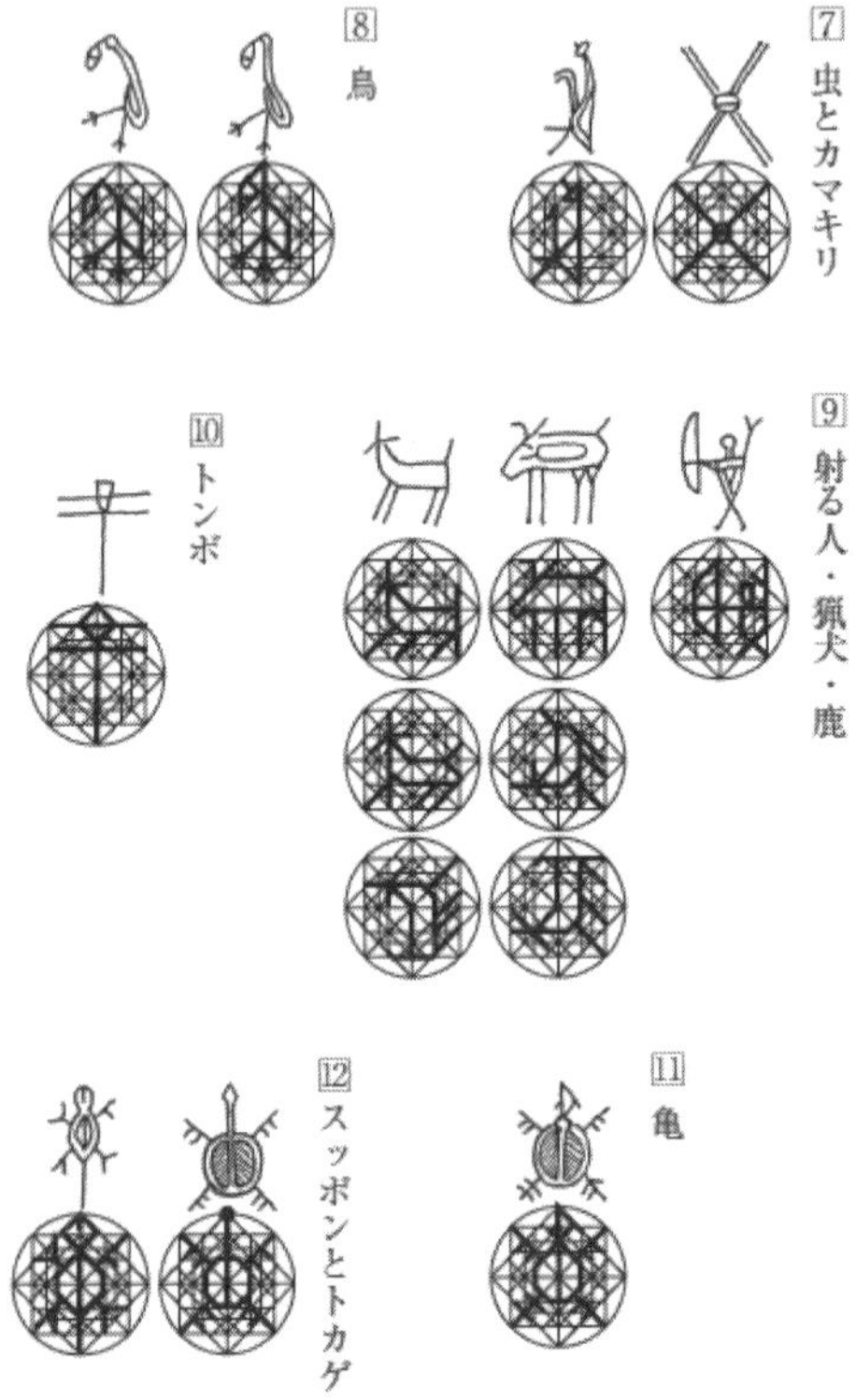


兆形文字②(大橋銅鐸の絵) 2

**吉野**　そうですね。本当にそうだと思います。

**いと**　それぞれの形デザインが、すべて神の表現だと思います。

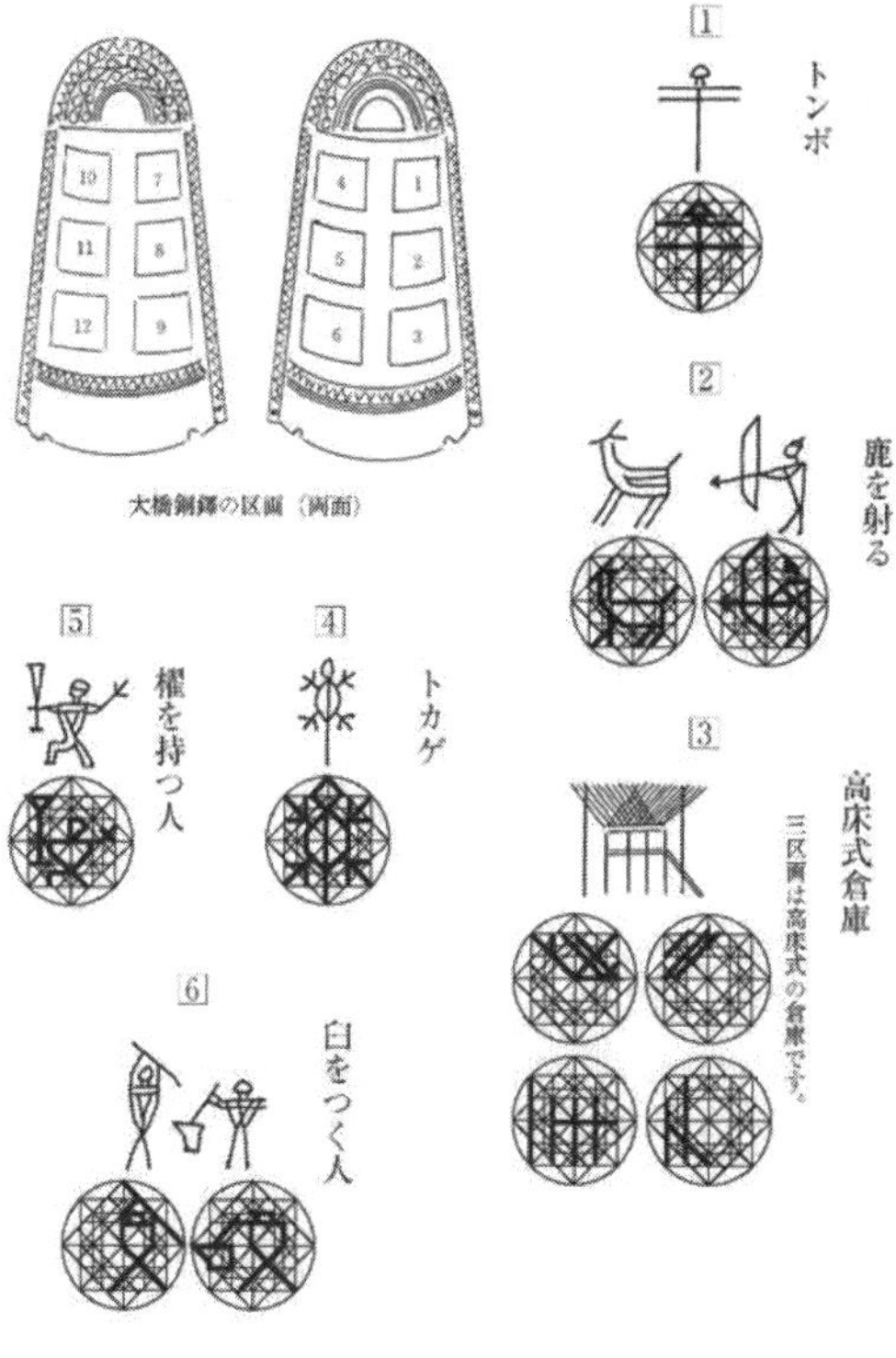

兆形文字②（大橋銅鐸の絵）1

それを我々はいつの間にか忘れてしまっている。

いつの間にか文字を、人を支配するためのツールにも使い始めています。

その昔は、みんな森の中で生活していました。

聖なる山があって、聖なる山の清らかな水を自分たちの住まいに引いてきて、みんなで生活していた。森の恵み、つまり木の実とか薬草をとって生活していた。

それが、基本的に分かち合いという精神が生まれた始まりだと私はイメージしています。

ところが、ある時に人間に欲が出てきた。ホツマでは、食事の回数が増えたと書いてあります。

食事の回数が増えることによって、欲が生まれてきた。森を壊して、自分たちの好きな食べ物がとれる農場や牧場をつくった。牛や豚の肉を食べたい人、小麦を食べたい人、みんなで森を壊してしまったと。

そうした人たちが今の世の中をつくってきて、要するに地球環境をおかしくしているというふうにイメージしています。

カイロ博物館蔵　化粧板の絵模様（BC3000年）

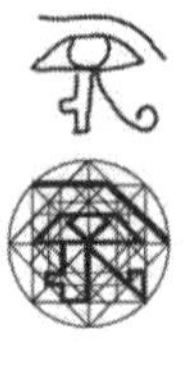

兆形文字③

ですから、これから我々の目指すところの一つは、地球を守るという意味での森の復活だと思っています。

そして、山も当然、聖なる水が生まれ流れるところでもあり、もっと大事にしようという考え方が必要だと思います。

**吉野**　そうですね。森が育てば海も変わりますしね。

**いと**　わかります。人間の欲については、どういう捉え方をなさいますか？

**吉野**　カタカムナでは、欲がないと駄目なんですよ。人間というのは。

兆形文字④

**いと**　ホツマもいっしょです。

**吉野**　欲望というのは、知識欲であり、向上心であり、壁を破ろうとするエネルギーにもなるんです。

このフトマニという構造は、自分の欲と利他の愛が、打ち消し合ってゼロになるところなんですね。

欲がないと、ゼロにならないんです。プラスばかりだったらプラス、マイナスばかりだったらマイナスですが、プラスとマイナスがぶつかり合うところにゼロが生まれて、ゼロエネルギー、ゼロ磁場が生まれて、創造が始まるというふうに解くので、欲もすごく大事なんです。

**いと**　そうですよね。

**吉野**　だけど、それを外に出したら、相手を殺すような勝他《しょうた》の念（自分と他者を比較し常に他者に勝ろうとする心）とか、利己的で自分さえ良ければいいというふうになるんですが、人にはハートがありますね。

ハートとは、「半分ずつ統合している」というふうに読めます。つまり、「わたし・と（I+n↓陰）」「あなた（you= 陽）」がですね。

このハート、つまり心の中で、自分の欲と人への愛で戦うんです。常に戦っている。イエス・キリストの「戦え」という言葉の意味は、自分の心の成長のために、この矛盾と向き合いながら、乗り越えていきなさいという意味だと思います。

その心の戦いによって、自我が大きくなり、人を受け入れる許容量が大きくなって、すべてを受け入れることができるようになる。自分の中で何も戦いが起こらなければ、自分の許容量も小さいままですし、人の気持ちもわからない。

自分はこれが欲しいけれど、あの人もそうなんだろう、では私はどうしたらいい？　という悩み、苦しみの中で開いていくものが愛になりますね。

そういう意味では、欲を否定しないで、悩めというんですね、自分の心の中で。「欲」という字は「谷が欠けている」と書きますね。すなわち、山しかない。谷がなくて山だけという状態は、山そのものを否定する。なので登った分だけ、降りなければいけませんね。悩みながら。

悩み、苦しみ、そうすることで他者の悩みがわかり、苦しみがわかり、本当の愛が湧いてくる。外にぶつけるんではなくて、何故なんだ、何故私はこうなんだと一人一人が突き詰めて考え始めることが、根源的な解決を見つける方法ですね。相手ばかりが悪いと思っている間は、解決へは進みません。

だから、すべては自分が変わることで変えていけるし、自分が変わることで、その結果相手が変わっていく、というのをとことん突き詰めて問題を解決していくんですね。

悩みや苦しみがなく、ハッピー、ラッキーばかり追い求めると、人の苦しい気持ちが分からなくなり、結局は傲慢《ごうまん》になっていきます。

そういう意味で、カタカムナとは、苦しみながらも、「自分に打ち勝つ命」のことなんです。カタカムナの「ナ」いうのは、「泣く」「悩み」「嘆き」「涙」の最初に付く「ナ」、全部なんですね。

「苦しい」とは「サ＝遮られた、十＝統合する、口＝空間」という意味になり、核の中のエネルギーを表しています。苦しみを跳ね返す力が、乗り越える力になり、その結果、打ち勝った喜びを感じることができます。そして、生き生きと蘇るんですね。

## ホツマ・カタカムナそれぞれの魂の意味

**いと**　そうですよね。

ホツマ的には、人間のことをタマシヰと言います。タマとシヰが一つになったものが人間です。シヰというのは欲しいのシヰです。シヰは欲です。

タマというのは、愛と表現してもいいのですが、この世を楽しむ存在です。それがシヰ（欲）といっしょになって初めて肉体を持てるという。

欲が必要だというのは、そこなんです。愛だけというか、タマだけになってしまったら、肉体もなく、ただのふわふわの存在でしかありません。

人間は死ぬと、このシヰから離れて、タマだけが宇宙に戻って、要するに潜象世界に行って、また戻ってくるという、そういう教えがホツマにはあります。

**吉野**　そうなんですね。納得できます。カタカムナではそのような諭《さと》しは全くないのですが、「魂」という漢字を分解して、カタカムナの思念で読み解くと、魂が何なのかがわかります。

魂というのは、「云（いう）鬼」と書くでしょ。

**いと**　なるほど。

**吉野**　鬼にも含まれる「ニ」は、数字の2とみると振動を表し、声音の「ニ」とみると思念表では32番にあたるので、「圧力」のことなんです。

云の「ム」は「広がり」という意味なので、魂を「云う鬼」と書くのは、私たちの命が、外部からの圧力を感じて、揺れ動く喜怒哀楽の感情を言葉で表現し様々な振動を広げている鬼の実体、それが「魂」だと受け取れます。

**いと**　漢字で分かるのですか。

**吉野**　はい。よく鬼が、悩み、苦しみ、圧力に耐えながら太鼓を叩いているその姿は、実は私たちの魂が感じている実体なんですね。

**いと**　なるほど。面白いですね。ホツマでは人はタマシヰと表現しています。

**吉野**　そうですね。鬼とは人が悩み苦しむ時の表現で、人のコトです。

冬が過ぎ、立春で「鬼は外！　福は内！」と鬼に豆をぶつけるのは、「春が来ましたよ！

もう悩んでいないで、太陽の光に当たりなさい、そうすれば悩みも解決しますよ！」と言っているのだと思います。

豆とは実は「太陽」を表しています。マとは心（六芒星）、メとはその中の天照がいる一つ目を表しているからです。それを炒ることで開眼する、はじけるエネルギー（熱）を持っています。

それを鬼にぶつけて、「悩みよ、苦しみよ、退散せよ！」という儀式ですね。

そして、豆を自分の年の数だけ食べ、福を内に入れて春を喜ぶ。この悩みと喜びの循環こそが、生命エネルギーを循環させているのでしょう。

神も鬼も、本当は自分自身なんですね。

**いと**　ホツマでは、節分のことをトシワケと表現しています。旧暦の12月末が今の2月3日になります。ホツマではないのですが、ヲシテ文字で書かれた文献にミカサフミという文献があります。ここに一年に行う行事が書かれています。

一年を八つに分け、ヱヒタメトホカミの順に行事を行います。

まず始めに「エのナメ」が紹介されています。シモツキ（11月）の中旬にヒウ（一陽）を招き、カツメカミ（太陽運行の神）が日の道を北にひき、太陽（ウヲ）を迎えます。このウイナメ（初嘗）は今のノト（祝詞）で行います。

トホカミヱヒタメと北の星（今の北極星）の九星を祭り、陽が行きわたると、黒豆飯《くろまめゐひ》（神あり粥）を食べ、力を養います。シワス（12月）は埴水《はにみず》冷たく、木は根ざしたままです。まだ空は寒く、月末になると日の光が皆競いあうのです。

このため少し寒さも緩みますが、上空はまだ寒く、潤《うるおい》がありません。トシワケ（節分・12月30日）の夜は、豆を炒り、鬼やらふ（節分の始まり）をします。カ（門）を開き、魔を〆引き塞《ふさ》ぐものとしては、ハヱ（ウラジロ科のシダ）ゆずり葉を用意します。また年越しそばを食べます。

## ヲシテ文字アイウエオはビッグバンから生まれた

**いと**　ここで、ヲシテ文字の発生について説明しますと、次のようになります。

縄文人がイメージしたビッグバンは次のようなイメージです。

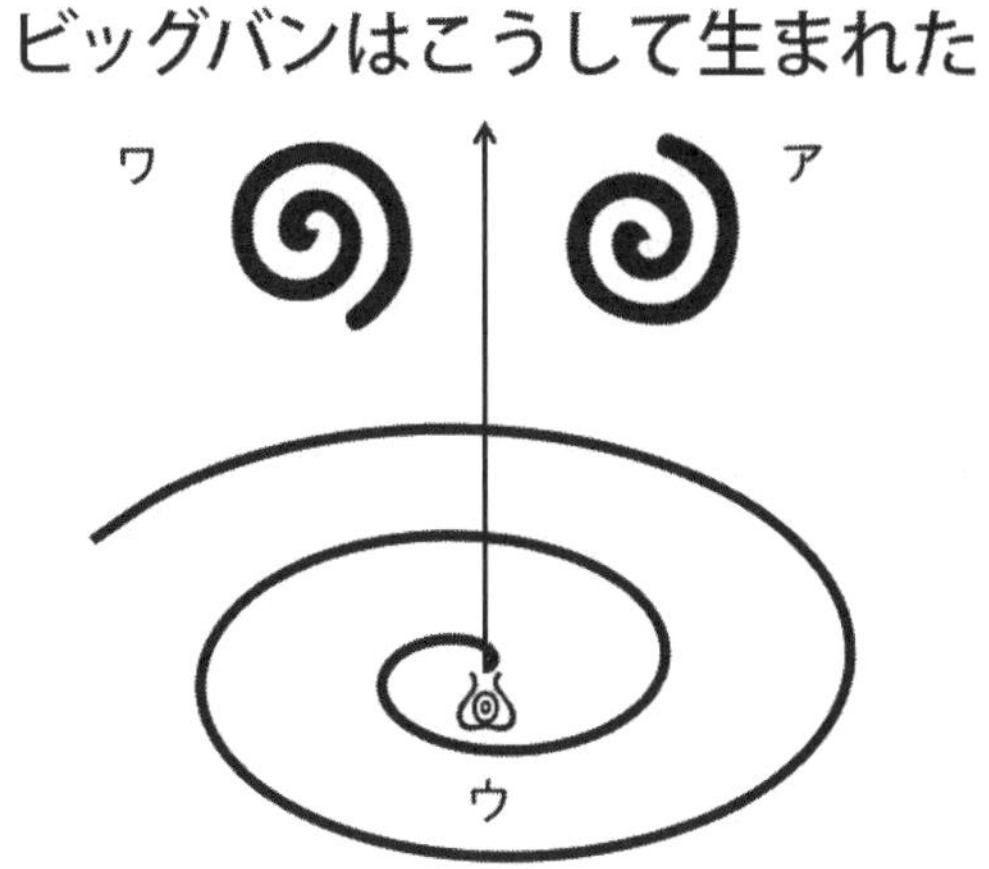


縄文人がイメージしたビッグバン

ビッグバンから宇宙が生まれた時に、「ウツホ・カゼ・ホ・ミヅ・ハニ」という5つの宇宙エネルギー（5元素）が生まれました。

ウツホ・カゼ・ホはア（左巻きの渦）から、ミヅ・ハニはワ（右巻きの渦）から生まれました。

ウツホは空、つまり宇宙そのもの。カゼは風のエネルギーを生み出す元。ホは燃える火のエネルギーを生み出す元。ミヅは水のエネルギーを生み出す元。ハニは土のエネルギーを生み出す元という意味です。これを総称して5元素といいます。

漢字で書くと、空・風・火・水・埴となります。宇宙は5元素で成り立っているという考え方です。ヲシテ文字のアイウエオは、この5元素を表しています。

５輪塔

5輪の塔はこれを表現しています。

「ウツホ・カゼ・ホ」が組み合わさったものをタマといいます。

シヰ（欲）は「ミヅ・ハニ」の組み合わせです。タマは、「ウツホ・カゼ・ホ」（空・風・火）ですから、軽いエネルギーです。シヰは重いエネルギーで、「ミヅ・ハニ」という、二つの元素で成り立っています。

人は死ぬと軽いタマのみが、宇宙の大元（アモト）に帰るということになります。

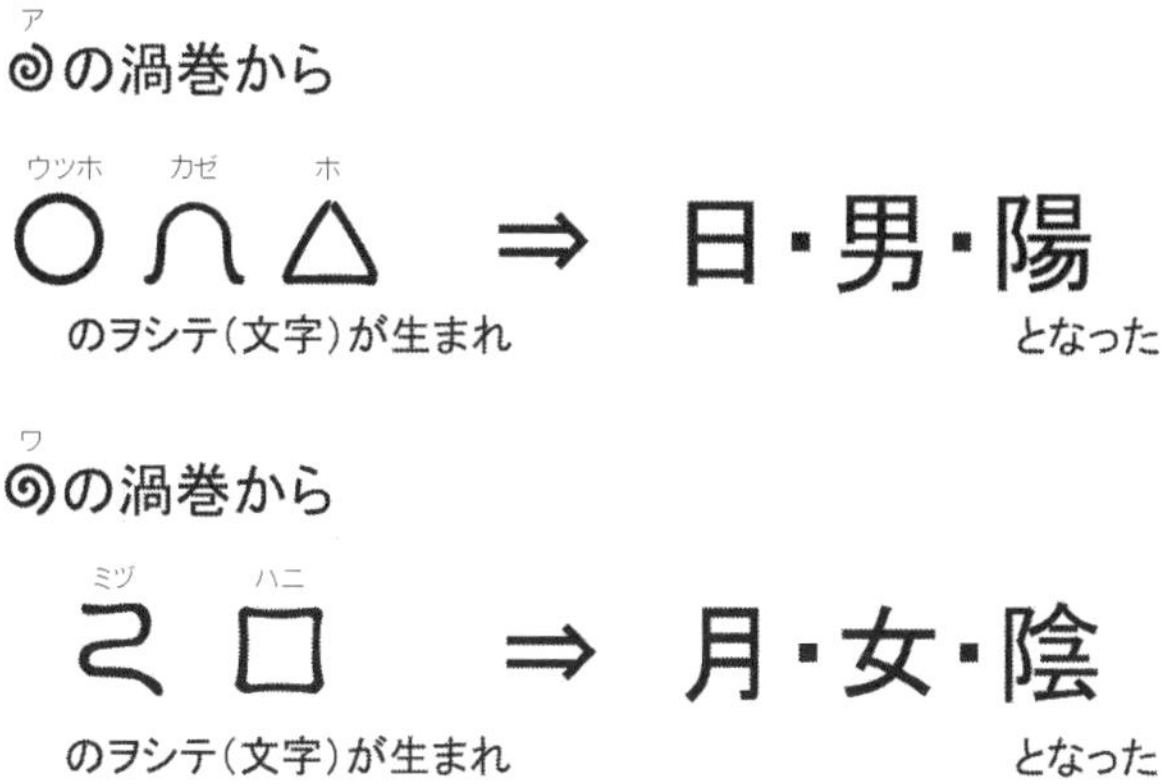


ですから、ヲシテ文字から、宇宙（空）のエネルギー、火のエネルギー、風のエネルギー、水のエネルギー、土のエネルギーを感じることができるのです（ヲシテ一覧表　37ページ参照）。

こうしたところが、多くの方の心に響いているように思います。音霊は、ここが原点と考えています。

カタカナの「アイウエオ」や、ひらがなの「あいうえお」は、音の表現でしかありませんが、ヲシテ文字には、空、風、火、水、土のエネルギーがあり、そればかりでなく、音に重さがあることがわかります。

ヲシテ文字でアイウエオと発音すると、空

↓風↓火↓水↓埴とだんだんと重くなっていることがわかります。私は、音には重量がある、と伝えています。

死ぬと軽いタマ（空・風・火の元素）が宇宙の大元（アモト）に帰ります。アモトのある大元の世界は、通常、潜象世界と表現しますが、ホツマではタカマノハラ（高天原）といいます。

また、ミカサフミというヲシテ文字文献には、人は死ぬと星になると書いてあります。タカマノハラ（潜象世界）と現象世界の境目で死者のタマは星となり、宇宙の大元に帰ります。宇宙の大元の中心をアモトと呼んでいます。

現象世界をアメノヱナ（宇宙の子宮）といい、これが小宇宙になります。

人のタマシヰは、小宇宙（アメノヱナ）の現象世界に存在していますが、死んだ後タマは再び現象世界に戻ってくる、この繰り返しをしています。

**吉野**　なるほど、それは全くいっしょですね。すべてが中心に帰る、そして中心から生まれるという。だから、黄泉の国も外ではなくて、ここにあるんですね。もちろん外には、その投影された世界がありますが。

## 五大元素がつながって人が生まれた

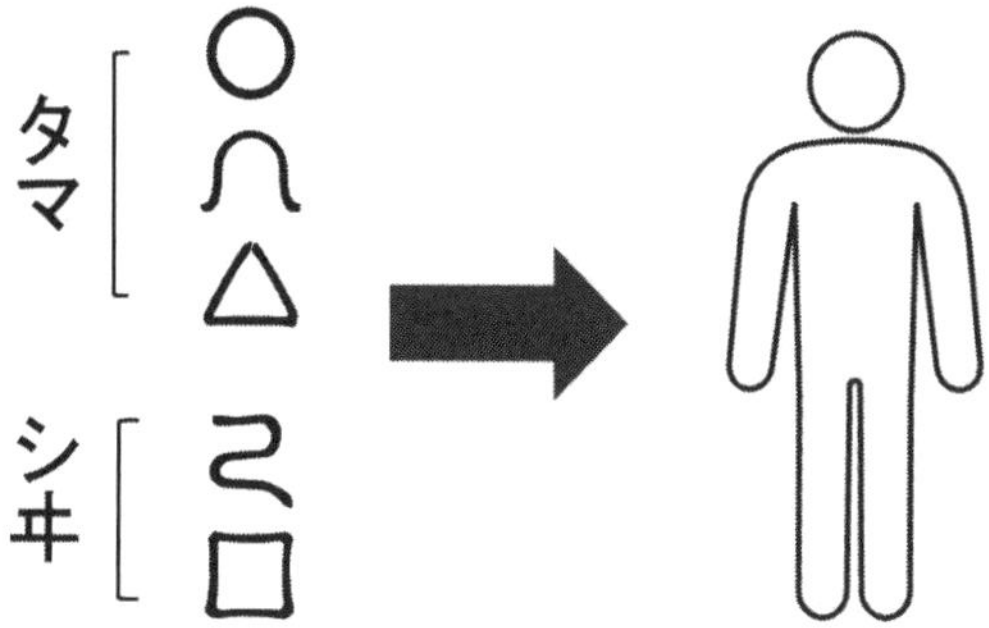


## 人は死ぬと

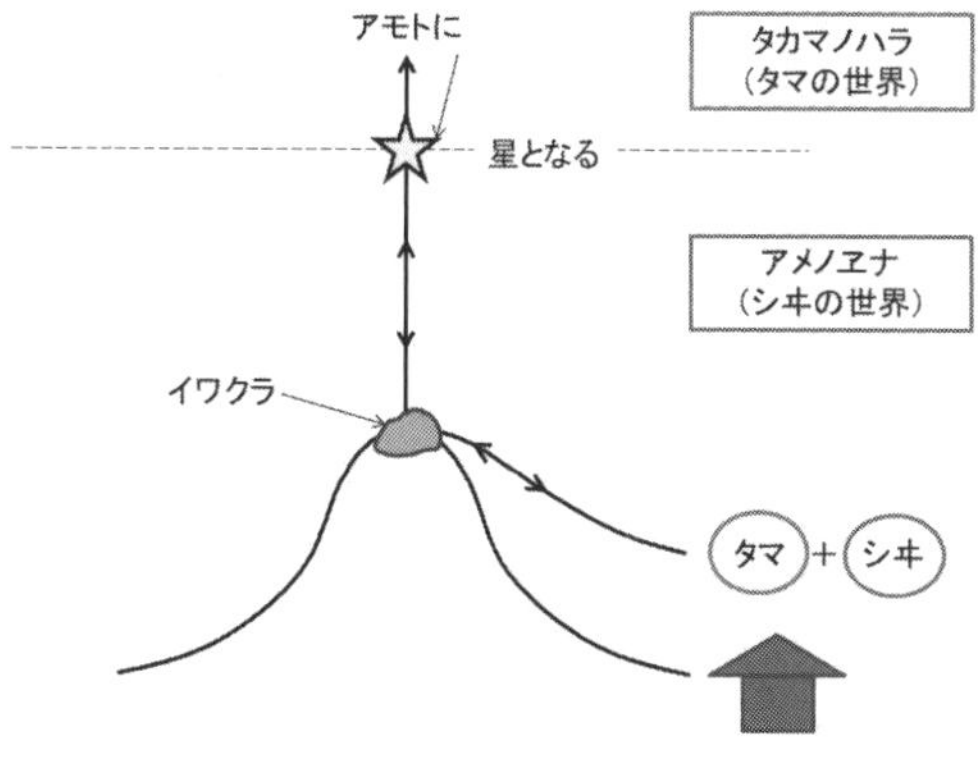

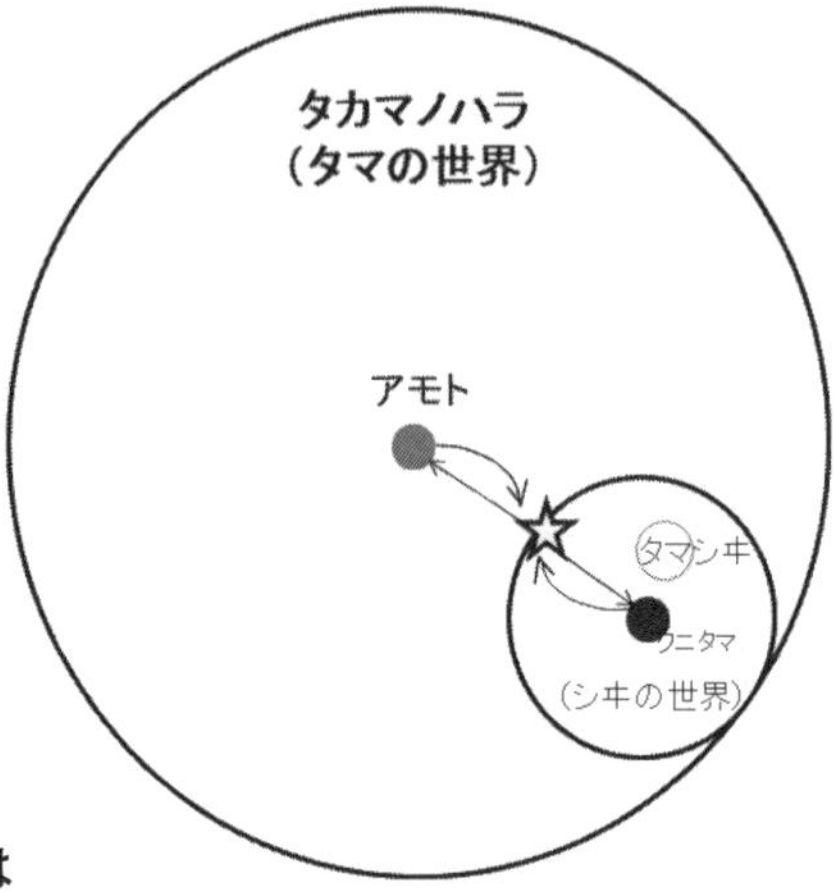


**人のタマは**

**いと**　そうですね。

**吉野**　全部繋がっていて、循環しています。アプローチは違いますけれども……。

**いと**　アプローチは違っても、元のところは、

**吉野**　同じですね。

**いと**　アメノヱナの世界は、七色の光の世界です。タカマノハラは白い光の世界です。

光の画家、チエアートさんの作品を観ますと、七色の光を描いていますが、真ん中がいつも白い光です。光の3原色をあわせると白

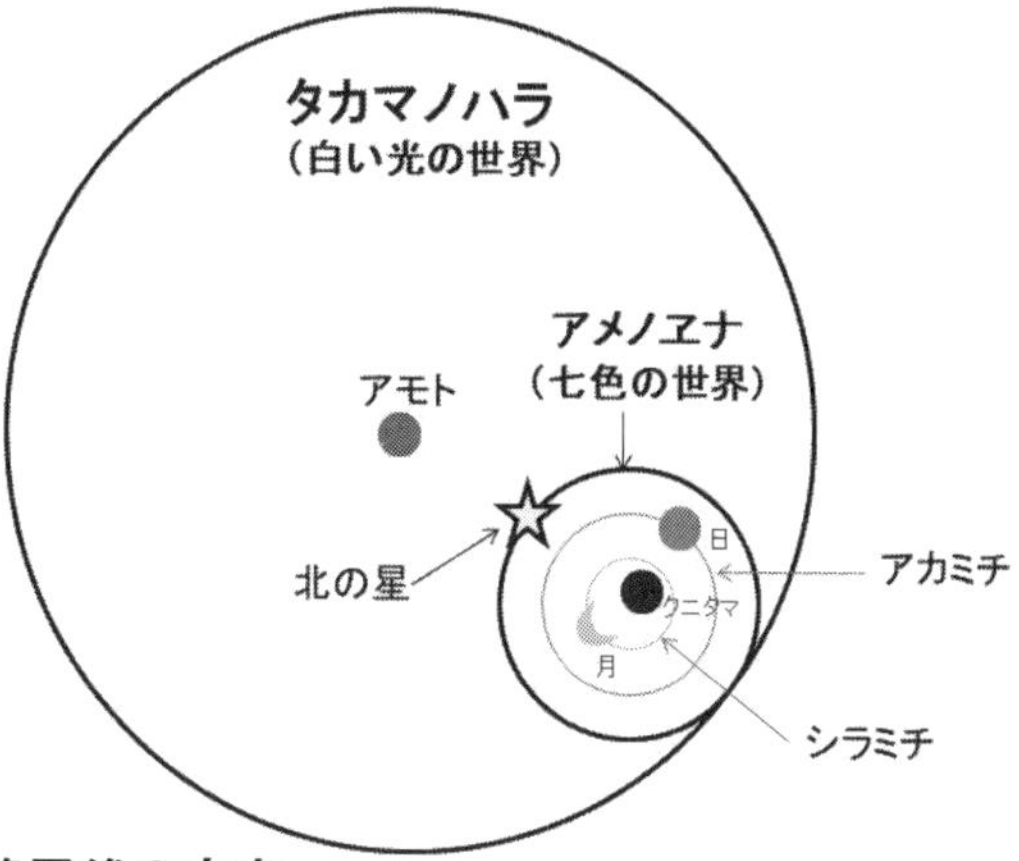


ビッグバン終了後の宇宙

になりますが、それが真ん中にあります。

**吉野**　そうなんですね。私の読み解きも同じです。トーラスの真ん中には「天皇」という存在がいらっしゃるのですが、その漢字は、高天原の「天」と、「皇」は白い王となっていますね。

白というのは、百から一を引いた形なので「皇」の字は、つまり「白（99）の王」となるんです。今、中心が「白」とお聞きして納得しました。

天皇がいらっしゃるその場を、カタカムナでは「フトマニ（カタカムナ）」と言っています。

**いと**　フトマニという言葉が、カタカムナにあるのは知っていました。

ホツマにもあるのですが、「何故両方にあるのかな?」と思っていました。

それで、フトマニ図の真ん中は、目になっていますよね。

松果体ということですか?

**吉野** はい、松果体、つまり第3の目でもあり、意識の渦を受信、発信するところですね。
カタカナのナを少し回転させるとメになりますよね。

**いと** 少し斜めにね。

**吉野** はい。形霊《かただま》で読むと、足して(十)、かける(×)、ということなんです。

陰陽が統合して、掛け合わせるというのが命を生み出すシステムですね。

これが「米」という字になっています。なので日ノ本の国の人は「米」を主食とするのかもしれませんね。

カタカムナというのが数霊で103です。10と3に分けて読み解くと、10は「メ」、3は「実体」ですから「メ(目)の実体」であり、「10」は「十」でもあるので「統合する実体」とも読み解けます。

つまり、カタカムナとは統合して、掛け合わせ、命を生み出す核（米）であるという意味になります。八方向の「米」は、八咫鏡を表しますね。なので、天皇家は米作りをされ、御神事では米を供えるのでしょうね。

**いと**　ホツマでは米はヨネと云います。私の先祖にも米富《よねとみ》、米愛《よねちか》という名前がいます。ヨネのヨという文字は、宇宙の創造神アメミヲヤを大地にて崇める音です。ネは陰陽融合した水のエネルギーを意味します。

米は紀元前1200年頃に水田開発により普及し、以後日本人の主食となりました。イサナギ・イサナミがアワ歌を歌って民と共に水田を造って行ったと書かれています。ヲシテ文字では、ナニヌネノに十が使われています。

宇宙にある薄い膜のことを、ホツマでは「アメノヱナ（天の胞衣）」と呼んでいます。アメノヱナの内側が、現象世界です。

**吉野**　そうなんですね。カタカムナでは外側が現象世界と潜象世界が織り重なり合っていて、内側が、その二つが統合する世界と捉えています。

アメノヱナの数霊はちょうど１００で「反転する」となります。内側が外に出てくるという意味ですね。

**いと**　ところで、カタカムナは、予言的なことも可能なのでしょうか。

**吉野**　はい、可能です。未来は決まっていませんが、エネルギーが循環するという原理を表す言葉なので、必ず起こることが書いてありますし、それが繰り返されるんです。

**いと**　そこは、ホツマとはだいぶ違うところですね。ホツマはある意味、過去のことを知って、今いる自分がどのように学び、どのように生きるかという世界です。

一方、フトマニでは、未来を占うことができるのではないかと思います。今、このフトマニの占い方法を研究しているところです。

特にヲシテ文字は、カタカムナと同様、原理を表していますので、とても重要です。ヲシテ文字を知ることで、様々な宇宙のエネルギーを感じ、応用することができるのです。

**吉野**　カタカムナでは、宇宙の原理原則は分かるのですが、具体的な歴史的内容は全く書かれていません。ホツマと併せて研究することで、理解が深くなると感じます。

# パート2　ホツマ、カタカムナから始まる新世界

## セオリツヒメやワカヒメ、封印された神々の復活

**いと**　ホツマを読むとわかるのですが、消されてしまったご先祖さまもいらっしゃるのです。その方たちをもう一度、この世に復活させるというのも私の役目の一つだと思っています。

ワカヒメ、セオリツヒメというお姫様も含めて、たくさんの姫君がいらっしゃるのですが、これまで忘れられていたご先祖について、もう一度きちんとお伝えしなくてはと思っています。

**吉野**　それは、すごく大事ですね。カタカムナを伝えてこられて、ある時にそれを守るために、あえて封印したのがセオリツヒメだというふうにお聞きしています。

**いと**　大江幸久氏も、六甲山で一生懸命セオリツヒメのご墓所を守っていらっしゃいます。六甲山の麓には、越木岩《こしきいわ》神社という神社があり、そこは、ワカヒメのご墓所です。

ホツマでは、ワカヒメとセオリツヒメが、アマテルカミ（天照大神）より女性の心を守るようにと言い渡されています。

**吉野**　六甲の越木岩神社、あの場所は、すごく意味がありますね。九州の鹿児島に甑島《こしきしま》という島がありますが、海の中に、甑大明神という大岩がご神体として祀られているんです。

桜島とか、鬼界カルデラ（注　薩摩半島から約50㎞南の大隅海峡にある、火山の活動によってできた大きな凹地）、阿蘇山など、九州は火山やカルデラだらけですが、あのあたりは、太古、大陸と一部が繋がっていた時期があって、噴火や地震などの天変地異で九州が壊滅状態となり、その時にその一帯が陥没したため、海の中に残った岩を甑大明神として祀ったのではないかと私は考えています。

陥没した大地は熊襲・隼人の拠点で、彼らは大陸と交流をしていました。神話では、コノハナサクヤヒメやイワナガヒメの生家や、お二人の父、大山津見命も、その対岸の鹿児島の方にあったようです。

高橋貝塚というところが遺っていて、貝の貿易をしたり、貝工場があった様子がうかがえるんですね。沖縄産のゴホウラ（注　巻貝の一種）などもここで加工されていたようです。貝が通貨だったこともありました。貴重な貝を加工し、貿易している一族は、やはり産地の沖縄と深い繫がりを持っていた人たちではなかったかと思います。

甑岩大明神

**いと**　甑島ってどのへんにあるのですか？

**吉野**　鹿児島の薩摩川内市《さつませんだいし》の西の島ですが、フェリーでないと行けませんね。

甑《こしき》というのは、米などを蒸すものですが、穴が開いているため、蒸気や水分が突き抜けて上がってくるという意味があるので、海底のカルデラ（鬼界カルデラ）が7300年前に大噴火し、大地が陥没した際に、火砕流などが海水を蒸気に変え、蒸気ごといっしょに海水が上がってきた状況を意味するのではないかと思います。

そして、その昔の大地の高さで残った岩が「甑大明神」と名付けられ、現在まで祀られているのではないかと。

越木岩

そこが、アジアと日本列島を結ぶ拠点だったのではと推察しています。

海底はたぶん、大量の火山灰で埋まっているでしょうし、文献などはもちろん残っていませんが。

現在、その時の噴火の灰は、北海道近くまで降り積もったということが分かっていますから、九州の縄文人はほとんど全滅したことでしょう。

そこを本拠地としていた隼人たちが、その天変地異をどうにか逃れて、六甲の越木岩神社の近くに移り住んだのではと推測します。兵庫県西宮市の越木岩神社のあたりは、甑岩町《こしきいわちょう》という地名なので、昔は「甑岩神社」と言っていたようですね。

越木岩神社には、巨大なご神体の磐座があり、また、相撲の土俵がありますが、相撲はカタカムナを表しています。そして、鹿児島を象徴する島津家の家紋ともなっている⊕というのは、丸の中にあるしきりの中で統合して、エネルギーゼロの状態をつくるということを意味しており、相撲はゼロのエネルギーを打ち破って、外に押し出そうとするフトマニのご神事なんです。

そして、鹿児島のコノハナサクヤヒメの古里とされる、阿多の高橋貝塚あたりにある玉手神社と越木岩神社の相撲は、両者とも最初、子どもを泣かせて相撲を取らせるというやり方なんです。

子どもが生まれる時は、オギャーと泣きますが、相撲とは、人間生命の誕生、子宮から生命をこの世に押し出すという御神事を表しているのではないかと思います。

その時に塩が、子宮口を開くため、ホルモンなどに作用するのではないか、そのため、御神事や相撲では塩を撒くのではないかと私は考察しています。

医学的な知識ではありませんが、シオとは「示す奥深く」と読み解けるのです。

相撲は、鹿児島の人たちの伝統としても昔から盛んにおこなわれていました。あの辺の方たちは、よくご神事として相撲をするんですね。だから、ＮＨＫの大河ドラマ「西郷どん」でもよく相撲の場面がありましたし、琉球でもその文化が残っています。

**いと**　実は徳之島でも、相撲が盛んです。

**吉野**　そうなんですね。

越木岩神社に伝わっている相撲の土俵を見て、また、神社内のあちこちに磐座があり、その磐座が御神体となっている様子を見て、私は、熊襲、隼人たち、特に甑島の人たちが六甲に逃げて来て、住み着いた場所だなと直感しました。

セオリツヒメなどはみんな、その系譜の人たちだったのではと思います。

六甲の六（６）、九州の九（９）は形霊で、反転した形です。大きな地球的歴史のリズムの中で、６と９はお互いに入れ替わっています。

カタカムナが出てきたのは六甲山系の金鳥山というところでしたし、反対に、カタカムナのマークや形は、九州の鹿児島の島津家や隼人のマークと同じですから。

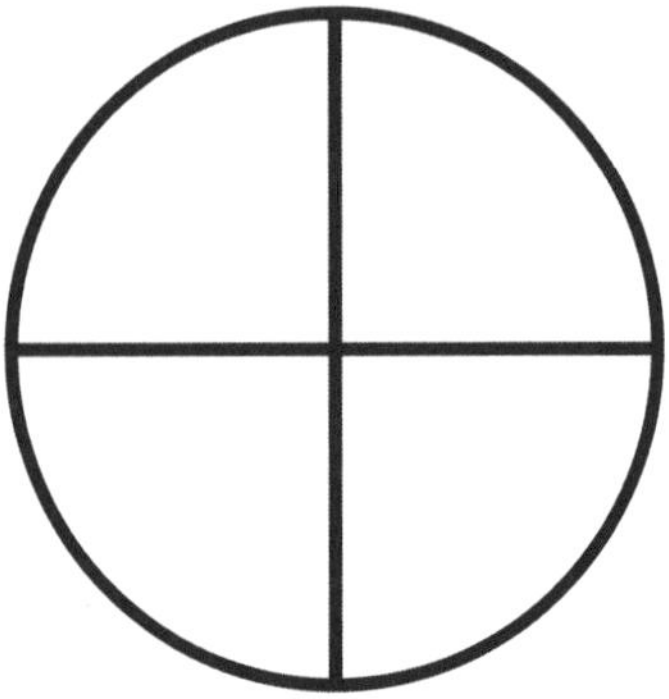

## カタカムナ図像は、地球のマーク・島津家の家紋と同じ

ちなみに、越木岩神社の御祭神の市寸島比売《いちきしまひめ》命は、弁天さんとも呼ばれ、スサノヲとアマテラスとの誓約で、スサノヲの三女神として生まれたお一人ですね。

また、セヲリツヒメと同一視する見方もあるようですが、ホツマではどう描かれているのでしょうか？

先ほどここはワカヒメのご墓所だとおっしゃいましたが、ワカヒメとはヒルコヒメと同じですか？　日本各地、特に九州でもヒルコ伝説が伝わっていますが。

**いと**　市寸島比売命は宗像三女神とも云われている姫ですが、アマテルカミの娘です。ホツマからはソサノヲの子でないことがわかります。アマテルカミと后のハヤコの間に生まれた三姫のお一方です。

三姫の名前は、タケコ、タキコ、タナコと云います。三姫にタが付くのは、アマテルカミの夢の中で、十握剣が、三タ（尺）に折れたことから付けられました。タケコは沖津島姫、タキコは江津之島姫、タナコは市杵島姫（もしくは市寸島比売命）と表現されています。

まず誓約は、ワカヒメとスサノヲの間で行われた話です。アマテルカミとスサノヲの間で行われたものではありません。この辺が古事記の話と異なり、いろいろな誤解が生まれていると思います。

セオリツヒメは、アマテルカミの后ですから市寸島比売命ではありません。ということで越木岩神社の御祭神の市寸島比売命は、スサノヲとアマテラスとの誓約で、スサノヲの三女神として生まれたお一人という解釈は成り立ちません。ホツマでは、三女神はアマテルカミの娘になります。

※　ソサノヲとスサノヲは同一人物（天照大神の弟）です

また越木岩神社の御祭神は、本来はワカヒメです。今は蛭子大神《ひるこのおおかみ》として祭られています。蛭子とはヒルコという名前で、ワカヒメが生まれた時につけられた名前です。ですからヒルコはワカヒメのことです。またホツマにはヒルコの他にヒヨルコという記述があるのです

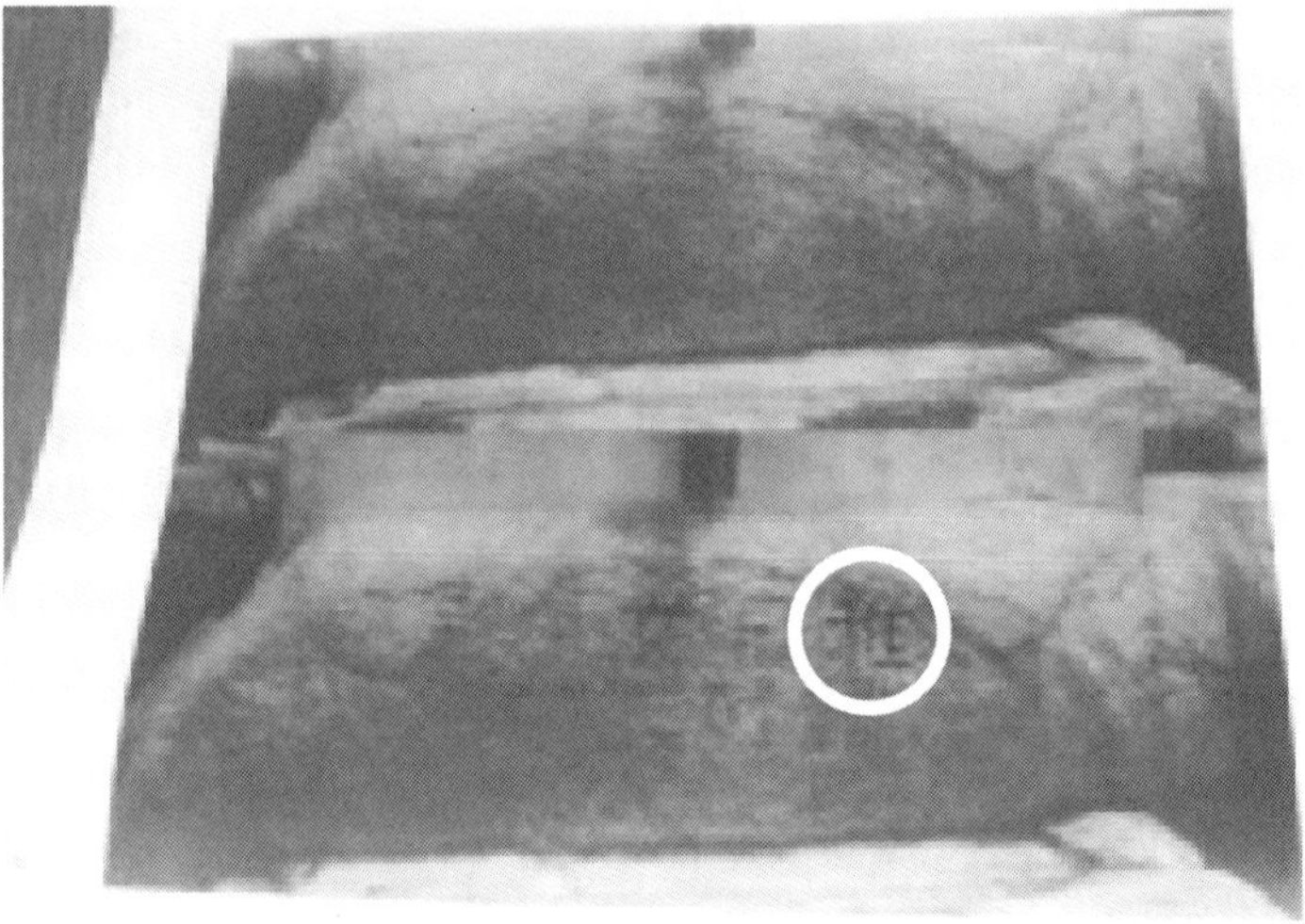

写真下部に「稚日女命(わかひめのみこと)」の文字が見える。陰石と呼ばれている。

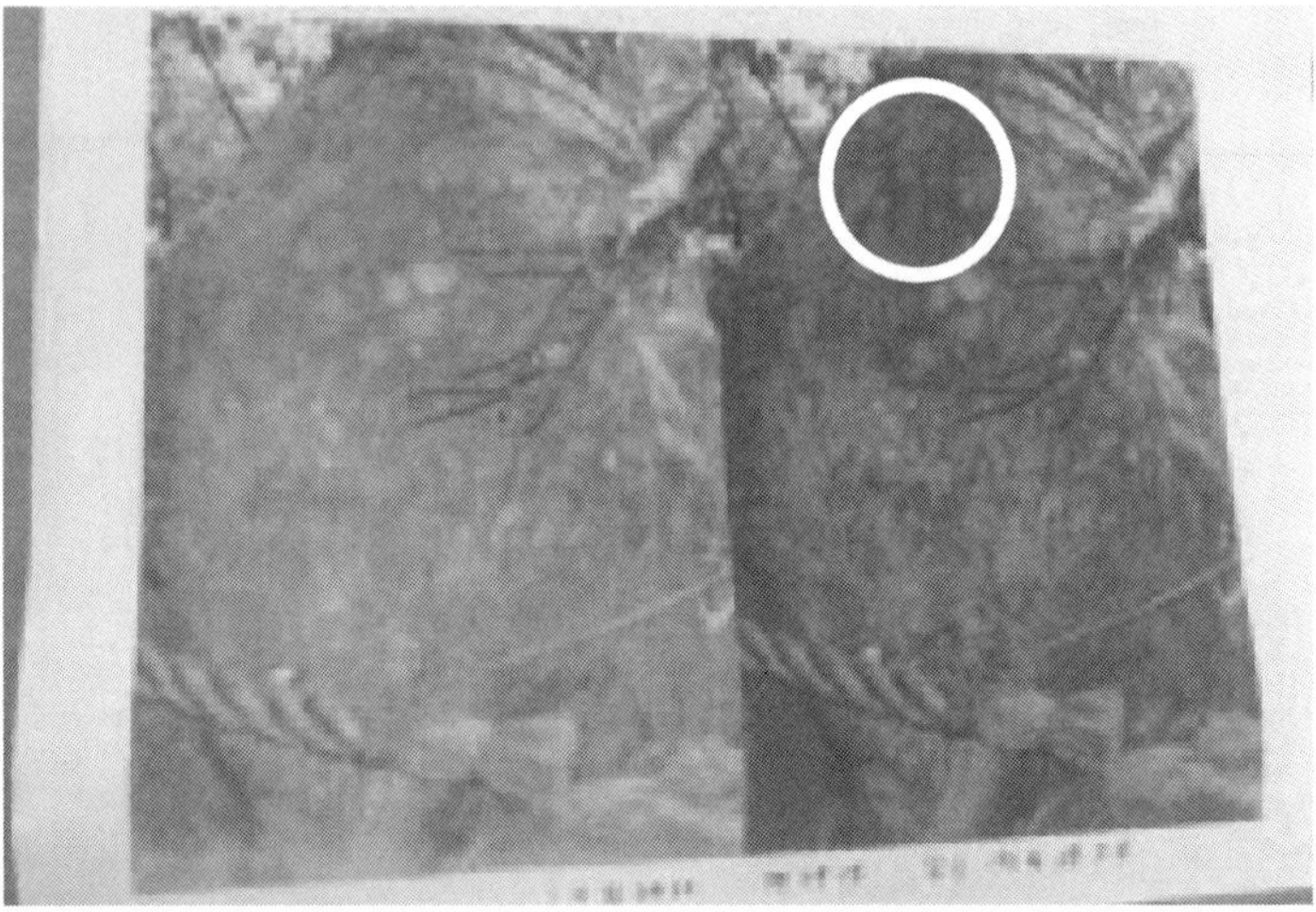

写真右上部(右側の石の上部)に「稚」の文字が確認できる。陽石と呼ばれている。

が、これは水子のことを指します。古事記では、ヒヨルコがヒルコとなっており、多くの方が勘違いしています。九州にあるヒルコの話は、ヒヨルコと思われます。

また越木岩神社の磐座に「稚《わか》日女《ひめ》」と彫られていたのですが、今は風化して読むことができません。

ワカヒメのホコラ・甑岩

これを池田仁三郎という方がコンピューター解析をした結果、そのことが判明しました。このことは以前越木岩神社にお伺いした時に教えていただきました。

もともとお姫様はホツマには出てきますが、カタカムナには出てきませんよね。また、セオリツヒメという名前も出てこないと思いますが、何らかの繋がりが分かるということですか？

**吉野**　セオリツヒメとは、ホツマでは六甲の廣田神社の御神体、撞賢木厳之御魂天疎向津媛《つきさかきいつのみたまあまさかるむかつひめ》様のことですか？　天照の荒魂と言われる？

カタカムナでは、御神名はたくさん出てきますが、先ほど述べたように、歴史的背景や繋がりというのは一切出てきません。

また、言葉で読み解くので、カタカムナに含まれていない神様のお名前も読み解くと、それがどういうエネルギーを持った神様なのか、本質が見えてきます。

それは、神様に限ったことではありません。

どんな名前や言葉でも、宇宙のエネルギー構造を理解したうえで、その動きの中で、48音の言霊、数霊、形霊で読み解くことによって、その使命や本質がわかります。

ある意味、物語は、作者が自由に描くことができますが、言葉や名前は、必ず宇宙の振動の法則により、この世に表されたものだからです。

人間が作ったものではなく、言葉は、宇宙の法則に則って人間の口から生まれたモノです。

旧約聖書の創世記にも、『主なる神は、野のあらゆる獣、空のあらゆる鳥を土で形づくり、人のところへ持って来て、人がそれぞれをどう呼ぶか見ておられた。人が呼ぶと、それはすべて、生き物の名となった。（新共同訳）』とあります。

つまり、名前・言葉とは、人間の口から出た言葉でしか表現することができないもので、それ自体、特有の宇宙振動を表すものなんですね。

ここから、ある意味、この世は、神様と人間の共同作業で作ったものと言えるでしょう。人間の発する言葉がとても大切なので、神様の目的は、人間を創り出すことだったと思います。ここから、日本の神道とは、人間の生命を産み出し、育むシステムを表現しているのだと思います。

神社は「宮」という「子宮」を表し、陰陽（神と人間）の卵子と精子が結びついて、新しい生命を産み出すシステムを崇める場所となっています。そして、そこへ繋がる細い通路は参道（産道）と呼ばれ、神と統合して生まれ出る参道の出口が、鳥居（統合したモノが離れることを伝えるところ）、つまり、母の会陰なのです。

神の名前は、そのシステムのどの部分を司っているのかを表現するモノで、その命の尊いシステムそのものを、実は人間社会の中では天皇制として表しているのだと私は見ています。

命のシステムを神と人間との統合と解釈してきた縄文人たちが、戦争をしなかったのは当

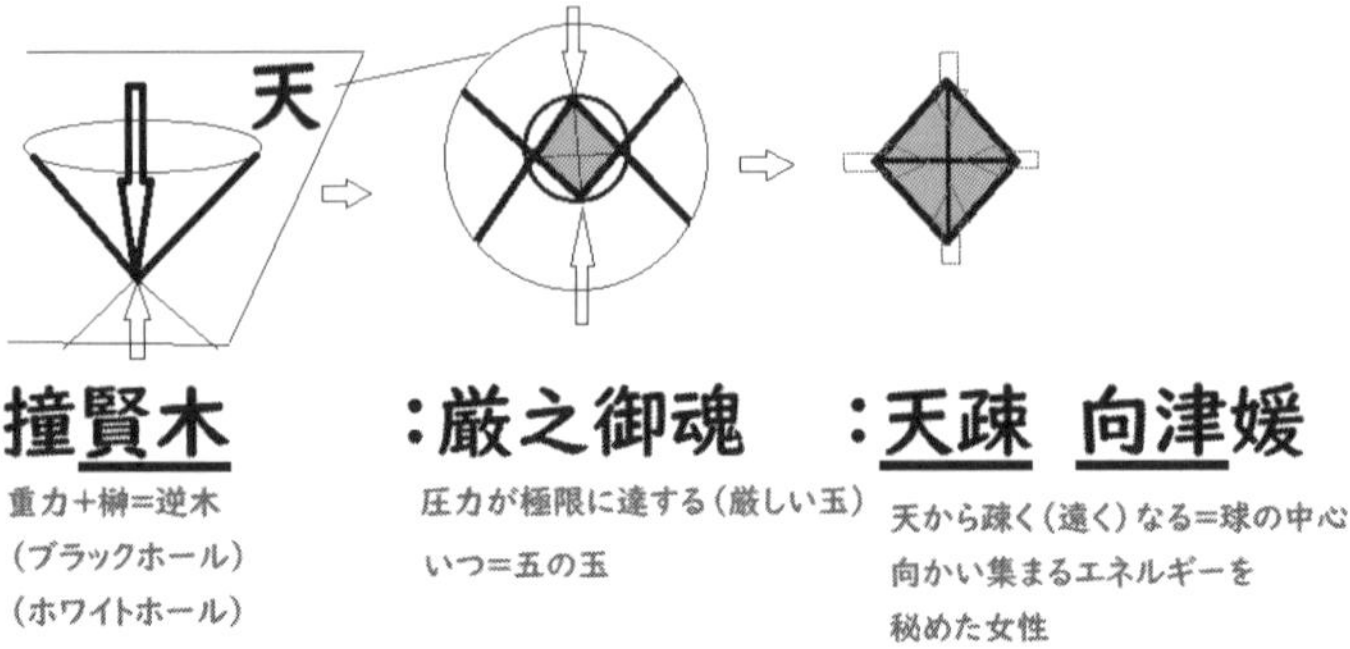


然の結果だと言えるでしょうね。

例えば、瀬織津姫（セヲリツヒメ）というお名前は、「引き受ける、奥深くから出現して、離れるモノを集めて秘める女性」という意味になります。

これは、新しい命として宿った胎児を育てる「子宮」そのモノの役割を担った方、つまり、皇后であることを示しています。数霊で見ると「１４０」で「カタカムナ（陰陽統合する核）そのもの」を表します。

また、セヲリツヒメの正式名称「撞賢木厳之御魂天疎向《つきさかきいつのみたまあまさかるむか》津媛《つひめ》」を読み解くと、まさに宇宙の構造から、命を生み出す子宮の役割を表すのです。そして、瀬織津《せおりつ》の「瀬」とは、「水の激しい流れ」を意味し、「津」は「織りなし、集める」。それは、胎児の肉体を創り育むことです。

ですから、「衣を織る」織姫とは、命を包む肉体を細胞分裂させて作りゆく母（卵子）を象徴しているのだと思います。
神の名前というのは、この現象を創り出すどの部分のエネルギーを担うのかによって、名前が付けられているのだと思います。
神とは、命を現象化させるための宇宙装置。名前を聞くと何の役割を持った方なのかがわかります。セオリツヒメの正式名が……。

**いと**　ムカツヒメですね。

**吉野**　そう、ムカツヒメですね。前述しましたが、撞賢木厳之御魂天疎向津媛命と呼ばれ、西宮の廣田神社の御祀神となっていますね。

**いと**　あと、ホノコとも言います。ホノコは生まれた時にいただいたヰミナ（諱）です。

**吉野**　そうなんですね。知りませんでした。ありがとうございます。ホノコとは、「引き離れるものが、時間をかけて、転がり入る人」という意味で、まさに胎児が十月十日《とつきとうか》、子宮で時間をかけて大きくなって、引き離れるとは出産のことなので、ホノコとはやはり（子宮＝母）を表しますね。

また、正式名の撞賢木厳之御魂天疎向津媛命を読み解くと、「撞《つ》く」とは、お寺の鐘を撞くなどと言うように「膜を棒で押す」ということですね。宇宙の「天《あま》」という2次元の膜を棒で押す＝重力をかける」ということで、地球の中心に母のエナを作ります。

賢木《さかき》は、逆さまのキのことで神道の「榊」であり、内側に入っていく逆木（二つの逆渦のエネルギー）を示します。

これをユダヤでは、生命の樹と呼んでいます。

厳しい御魂と書くのは、エネルギーが対決し、打ち消し合うフトマニの圧力を表現しています。またそこは、イツノミタマ＝五の球体でもあります。

天疎とは天という宇宙の膜から遠く離れた＝球体の中心にある、向津媛＝プラスとマイナスが向かい合い打ち消し合うゼロ空間、つまり、向かい集まる秘められた創造の場（子宮）と読み解けます。

まさにここをフトマニといい、私たちはその中心をカタカムナ（命の根源）と呼んでいます。このエネルギーを昔から相撲という御神事で表してきたのだと思います。御神名の数霊は、441（陽のエネルギーが次々と集まり、根源から出る）ところ。

廣田神社の戦前の由緒書きには、瀬織津姫を主祭神とするとあったようですね。数霊で「セヲリツヒメ」とお読みすると140（カタカムナそのもの）になります。


**いと**　瀬織津姫（セオリツヒメ）の瀬は滝を表すと云われ、滝の神と祝詞などで理解されています。事実、セオリツヒメの生まれた地は、静岡県三島市にある瀧川神社と言われています。この姫のみやびなふるまいに、アマテルカミは思わず階《きざはし》段を降りて、自分の住まいにお連れになりました。

以来、彼女はアマテルカミのおそばで暮らし、時にはアマカミ（古代天皇の呼び名）に変わってみことのり（詔）を出すような存在になっています。ソサノヲは、セオリツヒメのみことのりによって死刑をまぬがれました。また、彼女の提案によって、八咫鏡が生まれています。

相撲の話もホツマにはあります。垂仁天皇の時代に、タエマクエハヤとノミノスクネが相撲で決着をつけました。ホツマではスマヰと表現しています。

## 宗像の三女神は龍神エネルギーそのもの

**いと**　九州には、宗像《むなかた》神社という神社がありますね。

**吉野**　はい。

**いと**　宗像というのは船の一族であり、海を司る一族です。以前からカタカムナとムナカタは発音が似ているなと思っていました。

**吉野**　宗像の三女神というのが、アマテラスとスサノヲの誓約で生まれたスサノヲの娘ですね。

**いと**　いいえ。違います。先ほど話しましたとおり、アマテルカミと后のハヤコの間に生まれた三姫（三女神）です。誓約は、ワカヒメとソサノヲの間で行われた話です。この辺も古事記の解釈と異なりますね。

ソサノヲと三姫の関係は、ソサノヲとハヤコの犯した罪を祓うために三姫が各地を巡ったということです。ソサノヲとハヤコの罪とは、ハヤコがアマテルカミの后であるにもかかわらず、ソサノヲに恋し、アマテルカミを亡きものにしようとした罪です。またソサノヲは、セオリツヒメの妹ハナコをも殺してしまいます。

こうした罪によりソサノヲは死刑を宣告されたのですが、セオリツヒメのみことのりによって助命され、罪人としてさまよい、出雲にたどり着いたのです。出雲でハヤコの化身であったヤマタノオロチを斬り、その尾から出てきたのがムラクモツルギ（叢雲剣）です。

この剣は後にヤマトヒメからヤマトタケ（日本武尊）に授けられ、クサナギツルギ（草薙剣）と名を変え、今では三種神器の一つとなっています。しかしホツマで解釈しますと、本来の剣は、ヤエガキツルギ（八重垣剣）であることがわかります。

**吉野**　そうなんですか？　古事記、日本書紀と、ホツマツタヱでは、大事なところ、特に誓約のお話がまったく違っているのですね。知りませんでした。教えていただいてありがとうございます。カタカムナでは、誰がどうしたという内容は一切出て来ません。ただ、80首の渦巻に書いた歌が、神の名前を表しているのみです。

しかし、「ムナカタ」は「カタカムナ」から「カ」が一つ抜けた、並び替えになっていますね。ムナカタとカタカムナはあまりによく似ているので、私は、あの方たちが、カタカムナの鍵を握っているのでは……と感じています。

また、カタカムナの「ナ」という十字は、実は球体の中心、「天照に繋がる道」という意味で、道《みち》とは、「三つが一つになったモノ」という意味です。「三本」で一つとなっています。

ウイキペディアの「宗像三女神」によると、『宗像三女神は、宗像大神《むなかたのおおかみ》、道主貴《みちぬしのむち》と呼ばれ、あらゆる「道の最高神」として、海の安全を祈願する神様として崇敬を集めている。

……沖津宮の田心姫神（タゴリヒメ）、中津宮の湍津姫《たきつひめ》神・辺津宮の市杵島姫《いちきしまひめ》神である』

とあります。

また、「貴《むち》」とは、「三貴子《みはしらのうずのみこ》（＝アマテラス・ツクヨミ・スサノヲ）」との繋がりを表していると思います。他にも、「大己貴《おおなむち》＝大国主」、「大日孁貴《おおひるめむち》＝天照大神）」など、この三神の神の名につく重要な尊称です。

古事記によると、スサノヲはイザナギの鼻から生まれ、「海原を知らせ（治めろ）」という任務を受けましたが、天岩戸で追放されて、その後「出雲の国」に来ています。

実は太古の昔、海とは、命を産み出すものであり、大陸を繋ぐ道であると考えられていたようですが、その本当の海とは、実は空に浮かぶ雲のことだと、縄文人は見ていたのだと私は思います。

それは、カタカムナウタヒを読み解くとわかりますが、古事記などでも、海神《わたつみ》のことをつまり、「綿津見大神《わたつみ》」などと記載していることでも容易に理解できます。

つまり、「綿をつみ上げたように見えるもの＝雲」を「海の神《わたつみかみ》」と呼んでいるのです。

つまり、地球は空と地上の二つの海を持っていたということができるでしょう。このことは、旧約聖書の創世記01:06～(新共同訳)にもあります。『神は言われた。「水の中に大空あれ。水と水を分けよ。」神は大空を造り、大空の下と大空の上に水を分けさせられた。そのようになった。』とあります。

私は、水は初めに、地球の意思で地球の中心から湧き出てきたと考えていますが、実は、地球上の海は、雲から降ってきた雨や雪などの水分がたまった受け皿です。

それがまた、太陽(天照)の熱で蒸発し、雲へと姿を変え、空を漂い、太陽を隠して温度差を産み出し、風や雨をもたらします。

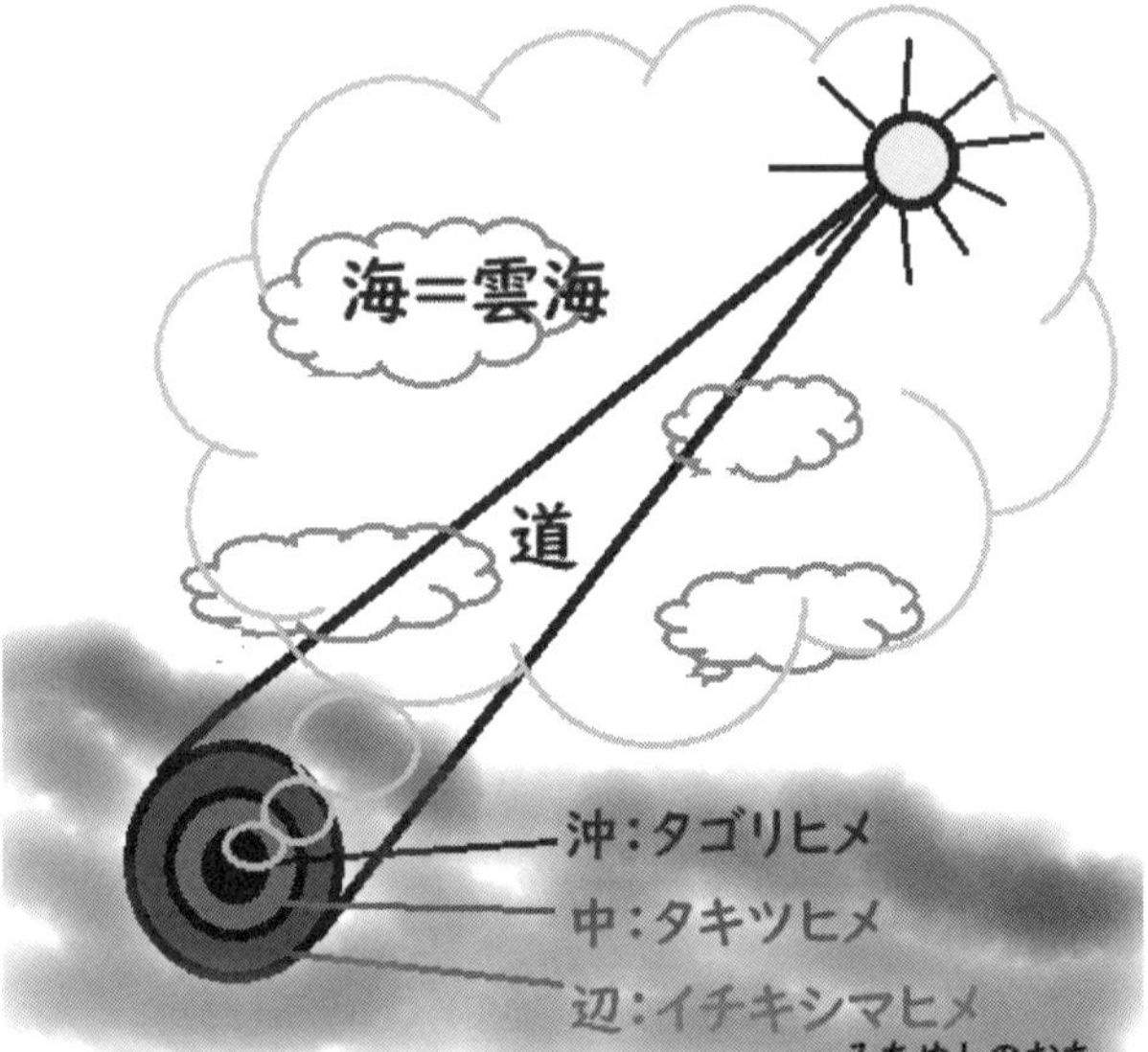


宗像（ムナカタ）三女神の道主貴《みちぬしのむち》

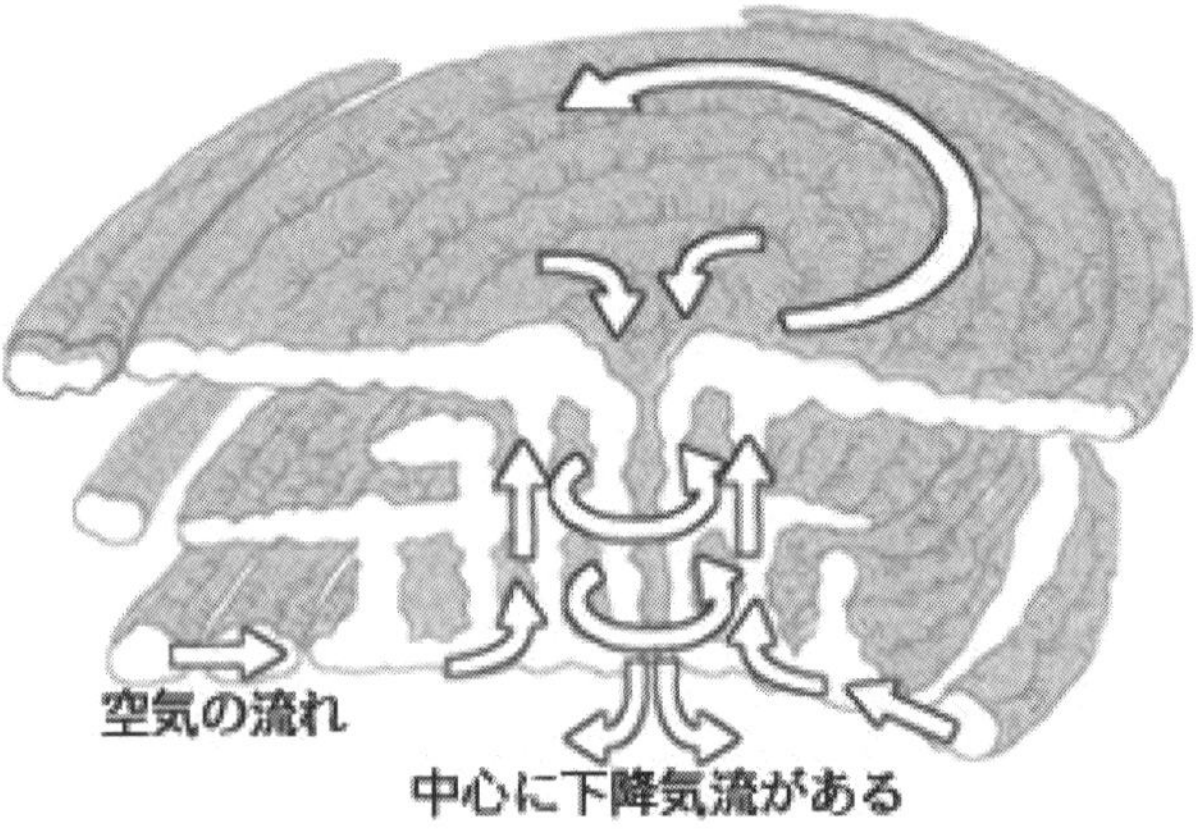

その空の雲の海と、地上の海水や川の水を繋いでいるエネルギーの循環の道筋を、「道主貴＝宗像三女神」は表しているのではないかと私は思います。

海とは空に浮かぶ雲海だと見ると、何故、スサノヲが「海原を知らせ」と父イザナギか任務をうけ、その後、高天原（天上界）を追放された後、地下世界に落とされて、「出雲」という「雲が出てくる場所」に現れたのかがすんなり理解できます。

そして、その空（本当の海）と海（地上の海）を繋ぐ道を、その娘の三女神たちが繋いでいる。「道主貴＝三女神」とは、例えば台風の渦、竜巻の渦、その他、高気圧、低気圧などで巻き起こる大気の変化が創りなす見えないエネルギーの渦のことになります。それを動かしているのが、まさに母の天照（太陽神の熱）と父のスサノヲ（雲）であり、その力で常にきれいな水が循環し、生物を育んでくれているのですね。

つまり、宗像三女神とは、天と地を繋いで水を循環させる龍神エネルギーのことではないかと私は考えています。

例えば、沖津宮とは、渦の中心を下降するエネルギー、中津宮はその周りを上昇するエネルギー、辺津宮とは、外から見た渦巻の龍神そのもののお姿です。その三つが一体と成って、三女神のお姿なのではないかと思っています。

その三女神を比売大神《ひめおおかみ》として祀っているのが、大分県の宇佐神宮の奥宮、御許山《おもとさん》というところですが、宗像三女神の生誕地と言われていますね。以前、登ったんですが、すごいところでした。

**いと**　私は、あそこは三女神が母親と共に流された地と捉えています。
私も行きましたが、ものすごいエネルギーがあふれており、霊能者もたくさん訪れると聞いています。

**吉野**　母親とはハヤコ様ですか？　三女神もごいっしょに罪に問われたのでしょうか？

私には真実はわかりませんが、いと先生も御許山をエネルギーの強い場所だと捉えていらっしゃるのですね。

私は何故、山頂の神社が「大元神社《おおもと》」という、根元を表す名称なのに、その山を「大元山」と書かないで「どうぞお許しを……」という意味の、御許山《おもとさん》と名付けられたのか不思議に思っていましたが、ここに意味があるということですね。

ここは私の解釈ですが、私は、そこに封印されているのは、何代目かの天照大御神である、岩戸に隠れた姿の、醜い（暗くて見えにくい）と言われている磐長姫ではないかとも思っています。

古事記によると、木花咲耶姫《このはなさくやひめ》と磐長姫《いわながひめ》の二人を娶《めと》ることで、天皇のお命が永遠となるはずだったのに、天孫降臨された邇邇芸命が木花咲耶姫だけと結ばれて、いっしょに結婚すべきだった姉の磐長姫を醜いという理由で返してしまったので、お二人の父、大山津見《おおやまつみ》の神の怒りを買い、それ以降、天皇には寿命ができ、死ぬことになったとあります。

この意味は、磐長姫は、見えにくい暗闇から時（光）を出すエネルギー、木花咲耶姫は外に出て光となった天照のエネルギー、この二人の力が繋がって、初めて天皇のお命は永遠循環ができるという意味だったのではないかと思います。

それほど根源的な力を持った神様なのに、神話では、磐長姫のその後の足跡は、ぷっつりと途絶えています。高千穂の銀鏡《しろみ》神社に、磐長姫が、醜いことを嘆いて投げた鏡が伝わっていると聞いて、そこにも行ってみましたが、消息はわかりませんでした。しかしその村では800年以上も前から、天岩戸開きのストーリーが33番のお神楽となり、今でも毎年、12月14日に夜を徹して村人たちにより舞われているとのことでした。

私はホツマの内容を全く知らないので、古事記の記述を基にお話ししていますが、ホツマではイワナガヒメなど、その辺はどう描かれているのですか？

**いと**　イワナガヒメについては、コノハナサクヤヒメの姉として24アヤに登場します。コノハナサクヤヒメはアシツヒメと云われた方で、アマテルカミの孫、ニニキネと結ばれました。この時に、二人の姫の母が、姉イワナガヒメにもご寵愛をいただきたいと、ニニキネのところに訪ねました。

ところがニニキネはイワナガヒメの外見が良くないと云って断ってしまうのです。それを逆恨みした母とイワナガヒメは、アシツヒメが身籠った子どもはニニキネの子ではないと、伴の女性を通じて告げてしまうのです。それを真に受けたニニキネは、アシツヒメを宿に残して、伊勢に旅立っていきました。

それに失望したアシツヒメは、白子の地で、桜に語りかけるのです。もし私が身籠った子がニニキネ様の子でないのであれば、枯れてしまいなさい、でも本当にニニキネ様の子であるならば、いつまでも咲き続けよ、と桜に語りかけ、富士山の麓の実家に帰り、三人の子といっしょに焼身自殺をしようとしましたが、富士山の龍神に助けられます。

その後も桜は咲き続けているとニニキネに告げられました。驚いたニニキネは、興津の海岸に到着すると、使いの者にアシツヒメに和歌を届けさせました。この和歌で、アシツヒメの恨みが消え、再び二人は結ばれることになったのです。

こうした経緯《いきさつ》があって、アシツヒメはコノハナサクヤヒメと呼ばれるようになったのです。

またイワナガヒメの嫉妬は、三女神の母ハヤコの姉であるモチコの怨念が乗り移ったと書かれています。モチコは後に改心して九頭竜大神になっています。モチコを改心させた方が、天の岩戸を開いたことで知られているタチカラヲです。

なお、白子（三重県鈴鹿市子安観音寺の境内）には、天然記念物として不断桜があります。長期間花を咲かせていると言われる桜です。子安観音とはコノハナサクヤヒメのことです。

**吉野**　詳しい、ホツマでのイワナガヒメ、コノハナサクヤヒメのお話、ありがとうございました。誓約のくだり、三女神・イワナガヒメ・スサノヲに関する記述が、ホツマと古事記では大きく異なっているようですね。お陰で、古事記とホツマの違いがだんだんよく見えてきました。

## ホツマ、カタカムナから始まる新世界

**吉野**　ところで、いと先生はどのようなきっかけでホツマを始められたんですか？

**いと**　きっかけというと、妻と神社を巡る旅をしたことからです。妻と私は、陰と陽の関係のようで、性格がずいぶん違います。だから気が合うのかな。

**吉野**　そうなんですか？

**いと**　いっしょに旅行に行ったりはしましたが……。

**吉野**　「ホツマを学ぶために2人で神社を訪れる」とご本に書いていらっしゃったのを読んで、趣味の合うご夫婦で「うらやましいな」と思っていたんですよ。

**いと**　もともとホツマはあまりにも難しくて、とても私には翻訳などできないと思っていた

のです。

ある時、夫婦で母の介護をして、疲れ果てていた時に、松本善之助さんの本「秘められた日本古代史ホツマツタヘ」（毎日新聞社）を何気なく見ていたのです。

その本に載っていたある神社に目が留まりました。それが、福井県の東小浜《ひがしおばま》にある若狭彦《わかさひこ》神社という神社です。ご祭神は、山幸彦という方でした。

この時だけは不思議なことに、妻と私の意見が一致し、「全国の神社を旅してみよう」ということになったのです。

そこから、夫婦の古代史ホツマツタヱの旅が始まったのです。

**吉野**　じゃあ、同じ趣味をお持ちになったんですね。

**いと**　はい、趣味が一致したのはこの時からです。二人で旅をしているうちに、ホツマの文献を所蔵していた野々村家の野々村直大さんに会う機会がありました。その野々村さんの紹介で、ホツマを研究している方とも出会うことになりました。
ある時、その研究者から電話があり、

「いとさん、旅もいいけれど、あなたの書いた旅の本は面白いので、今度はホツマを訳してください」と言われました。内心、それは私にはできないと思っていましたが（笑）。その方は、神戸にお住いの清藤直樹さんという方です。私が訳した、つたないホツマの翻訳を送ると、すべて添削して送り返してくれました。

そういったやりとりを通して、とうとうホツマを完全に訳すことができたのです。そういうわけで、清藤さんは私の大先生です。

それが終わると、いつの間にかホツマをみんなに伝えるようになりました。さらにそれまで36年間営んでいました粉ミルクの会社を他社に譲り、ホツマ出版という会社を新たに創ることにもなったのです。

偶然、若狭彦神社を訪れたことから、自分でも思いもよらぬことが起きたわけです。

**吉野**　粉ミルクの会社というのも、すごく象徴的ですよね。

**いと**　そうですか。

**吉野**　命を育てる最初の食べ物ですから。

**いと**　確かにそうですね。私の会社の粉ミルクは、ホエーというものを主要原料として作っていました。戦後、食料がなくて、脱脂粉乳さえもなかった時代がありました。その脱脂粉乳の代用として、チーズの副産物であるホエーを使ったのです。

ホエーは、乳清ともいわれています。ギリシャ時代、ホエーは薬でした。でも日本では使い道がなく、チーズができると捨てられていたのです。

それを、いろいろな粉ミルクとブレンドし、パンやチョコレートなどに使う原料として売っていました。

この会社は、妻の父が始めた会社ですが、創業54年目に譲渡しました。

私はこの会社と社員をとても愛していましたが、その会社を譲り、ホツマを伝えるようになりました。今はホツマが縁となり、神様にそのように導いていただいたと思っています。

**吉野**　そうですね。すべて導かれていると思います。

**いと**　吉野先生は、カタカムナに入るきっかけというのはどういうご縁があったんでしょうか？

**吉野**　私は、2012年まで、ゴールボールという視覚障害者のパラリンピック競技の通訳、翻訳をしていました。遠征や国際大会に帯同し、世界中を回って約10年間お手伝いをしていたのです。

その期間中に、カタカムナと出会うんですね。

カタカムナにすごく興味を持ち、これを極めたいと思った時に、通訳、翻訳の仕事を辞めようとしたら、チームの選手たちから、

「最後にロンドンパラリンピックに行って金メダルをとりたいです。だから、いっしょに同じ舞台に立ってほしい」と、懇願されました。

皆、一人一人素晴らしい選手であり、人間としても尊敬していた彼らから、私を頼ってくれる気持ちを感じ、断り切れなくなりました。

それで、自分の中で、この日本女子チームが金メダルをとれたら彼らのサポートを辞めて、その時こそ、カタカムナの研究に全力で取り組もうと決意したんです。

そして、この際、言霊の力がどれほどのものなのか試してみよう、実験してみようと思いました。毎日、全力で勝利を祈り、励まし、相談にのりました。そしてチームの誓いの言葉をつくり、毎回、みんなで唱和しました。出会う度に、いろいろなことを試みて全力でサポートしてきたんです。

そしたら、なんと、本当に金メダルが取れたんですね。

**いと**　それはすごい。そこからなんですね。

**吉野**　はい。それがもう、とても不思議でした。日本女子チームはそれほど強豪チームという訳でもなかったのですが、無敵の中国を破って、誓いどおり金メダルを勝ちとったのですから。

「やはり言霊は本物だ」とあらためて確信し、もう、命をかけてカタカムナをやろうと思い、ロンドンから帰ってきた成田の空港で、祝福を受けている皆さんの後ろ姿に最後のご挨拶をして、それ以来チームの皆さんとは会っていません。会うともう別れられなくなる……そう思ったからです。

そして、翌年、2013年から、今まで研究していた資料を基に、本格的にカタカムナのセミナーを始めました。それが、カタカムナが発見された六甲から始まったのです。でも、それからまだ10年も経っていないんですよね。

**いと**　私も、ホツマに取り組んで12年ほどです。30数年前に松本善之助さんの本を読んではいましたけれども。

2012年に、ホツマサミットを開催しました。ホツマに取り組んでいる研究者がどれほど全国にいらっしゃるかと思い、また研究者が一堂に集まったらどのようになるのか？　ととても興味が湧いたからです。

このきっかけは伊勢の修養団、中山靖雄先生の奥様、中山みどりさんの紹介で2人の鈴木さんという女性、由利子さんと須美子さんが私のところに来て、ホツマの集会をしたらどうかと提案があったことからでした。ホツマサミットの名称は、当時東洋大学観光学科の准教授（現、日本国際観光学会理事長）であった島川崇先生が決めてくれました。

伊勢の二見浦《ふたみがうら》というところに、賓日館《ひんじつかん》という大正天皇もお過ごしになったという、重要文化財にも指定されている建物があるのですが、朝日館という旅館の女将、喜多さんのお力を得てそこで開催することになりました。

朝日館は、昭和天皇もお泊りになった由緒ある旅館です。

そこにご参集くださいと呼びかけたところ、なんと、日本全国から150人もの方がお見えになったのです。

**吉野**　いときょう先生が集められたんですか？

**いと**　いいえ、清藤先生や皆様のお力があったからです。集まった方々が、口々に神様に呼ばれてやって来ましたとおっしゃるのです。びっくりしました。

それからは、みんなが自信を持って、ホツマを伝えるようになったと思います。

それまでは、古代とはいえホツマには天皇家の歴史が書かれていますので、口にすることさえ恐れ多いといった感覚があったのではないかと思います。

それがホツマサミットでなくなり、今こうして多くの方に伝えることができるようになったと思います。

## 天皇制は命を紡ぐシステム

**いと**　ホツマツタヱでは、アマテルカミ（天照大神）から後の天皇は、アマテルカミのご子孫になられるわけです。そのアマテルカミも初代アマカミ（古代天皇の呼び方）、クニトコタチ（国常立）からすると8代目のアマカミになります。

そう考えると、日本の天皇家を中心とした歴史は、なんと一万年以上の歴史となるわけです。そして皇室の方々も含め、この国を創りご指導されて来た方のご子孫が、日本にはたくさん住んでいることがわかります。

今、ホツマに多くの方々が関心を持つのは、こうしたことによるものではないかと思っています。

私は講座で、「みなさんも古代天皇や姫君の生まれ変わりで、今ここにそのご縁でおられます」と伝えています。

**吉野**　カタカムナにも、中心図象というのが3種類あるんですが、それが天皇家の三種の神器と同じなんですね。草薙剣《くさなぎのつるぎ》（フトマニ）と勾玉《まがたま》（ミクマリ）と八咫鏡です。
やはり、天皇家の始まりとすごく繋がっているということを感じます。

**いと**　ええ。私は、日本の天皇は、ある意味で世界の天皇でもあると思います。でもそこをあまり強調しすぎると、世界の人たちから反発されることがあると思ってはいますが。

**吉野**　私もお考えにまったく同感です。カタカムナでは、天皇制というのは自身の命のシス

**ミクマリ図象**

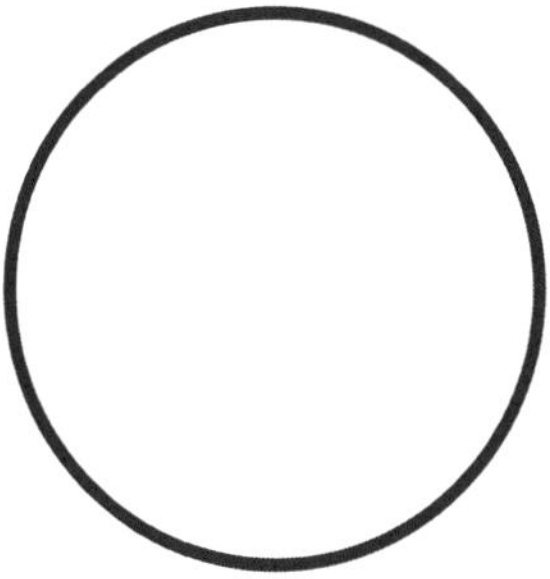

**八咫鏡図象**

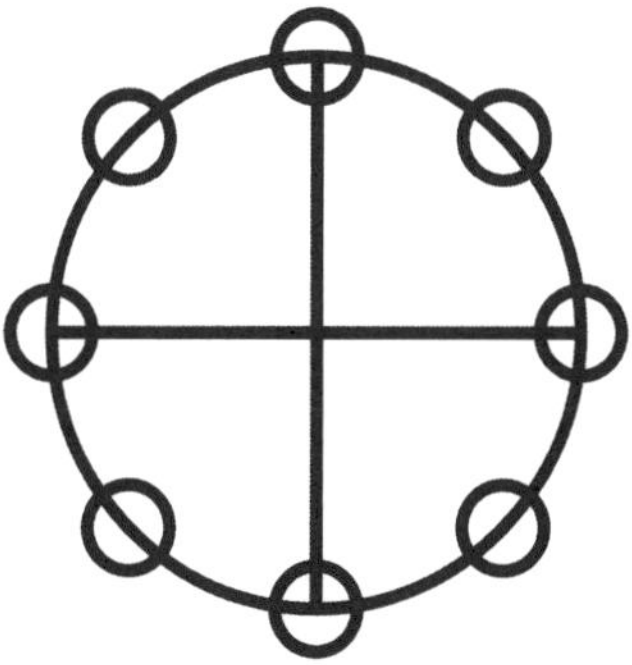

**フトマニ図象（カタカムナの核）**

テムを表しているというふうに見るんですね。だから、古事記などの神様のお名前にはほとんどイノチを表す「命《みこと》」という尊称がつきます。

読み解いていくと、自分の中でも宇宙のシステムの中でも、天皇制というのが中心になるんです。フトマニの中心にゼロを生み出す人のことを、天皇というんですね。

**いと**　数霊でいくと、そうなるということですか？

**吉野**　数霊と形霊と、それから言霊で読み解くとそうなります。

まさに、トーラスの中心を通って浄化していくというそのシステムのことを天皇制と言っていることがわかります。

私たち自身も自分の命のトーラスの中心に立つ天皇です。その尊い命のシステムを象徴して表してくださっているのが、日本の天皇制だと思います。だから天皇は、権力や財力や武力ではなく、言葉の力で、現象を起こす方だということですね。

そしてそれは、すべての人間が持つ力で、私たちが一日も早く、その力に目覚めるようにと、日本に天皇制が残されているのだと思います。

**いと**　本当のことを知ったら、そうなるんですね。

**吉野**　思いから発する言葉が、人の心を動かし、行動を決めさせます。そして、それらの一人一人の思いと言葉が集まって集合意識となった時、「草薙剣」の力が発動し、天地を動かします。そのシステムを明らかにすることが、「カタカムナ」の役目だと思っています。天皇制は、それを理解するための法則として捉えられるんです。

**いと**　そうですね。よくわかります。それはやはり、気付きというか、本来、人間がもともと資質として持っていたことですよね。

**吉野**　本当にそうですね。

**いと**　宇宙が始まって以来、それを持っていて、本来はそのことを知っている、それが人間であると私は思います。そこに文明が生まれ、今ではそのことを忘れさせられている。例えば陰と陽を考えた時、陽のみを求める時代があって、本当はもう一方の大切な陰の世界があるのに、それを受け止めることができずにいるために、人々が苦しんでいるという状態が想像できます。

天皇についての考え方もその一つですが、宇宙の中心的な考えに気付くことで、新たな世界が開かれると思います。

**吉野**　はい。一人一人が天皇のエネルギーを蘇らせることができれば、新たな世界が開かれますね。

**いと**　天皇のエネルギーを生み出すという、そこは全く同じ意見です。

## 世界の共通デザイン、ハートは「アワの歌」に繋がる

**いと**　また、世界共通のデザインというのがいくつもあるのですが、そのデザインについての気付きこそが重要だと思います。

その一つが、ハートのデザインですが、ハートについてカタカムナでは何か意味することがありますか？

**吉野**　ハートというのは、「引き合い、統合するもの」という意味です。数霊では「59」となり、5＝イザナギ（自分の陰のサナギ）・9＝クサナギ（集合した意識のサナギ）の形を表します。

それは、カタカムナの統合した「心」または「故郷」という意味で、帰るべき根源の空間を言います。また、その形は陰陽の形で、角度を変えてみると、陰陽はハート型であることに気付きます。

つまり、東洋ではハートを「陰陽」と呼び、西洋では「ハート」と呼んでいるのではないでしょうか？　見る角度が違うのだと思います。

陰陽パズル

上図は陰陽のパズルですが、角度を変えるとハート型をしていますね。また、陰陽とは「太陽」という意味も持っていて、「天照大御神」を表します。「太陽＝54」の数霊となり、5・4は「イ・ヨ」と読めますね。5が陰で4が陽です。

先ほども言いましたが、「陰陽」を英語で表現すると「陰＝In」「陽＝you」となり、Inの中にI（私）が含まれると見るとn＝andですから「私とあなた」になります。
または「In＝中に」とみると、前後が繋がって輪となり、「私の中にいるあなた」「あなたの中にいる私」という意味になりますね。

この数霊は不思議なことに、両方とも「222」です。

**いと**　わかります。ホツマには、「アワの歌」という歌がありまず。アとワとはあなたと私でもあり、天と地という意味でもあります。
「アワの歌」を歌うと、あなたと私、天と地が一つになります。さらに潜象世界のアと、現象世界のワ、それが一つになるというイメージも生み出されます。

**吉野**　本当にいっしょなんですね！　そしてそれは、私とあなたの引き合うものが統合するハートなんですね。

**いと**　はい、ハートで、まさに同じです。

**吉野**　心のことですよね。

**いと**　はい。実は、世界中にハートのデザインがあるのです。
例えばこの写真は、ノーベル賞の授賞式が行われる、ストックホルムの市庁舎の2階、黄金の間にある女神ゲフィオンの壁画です。この下の1階で、ノーベル賞授賞の晩餐会が行われます。

女神ゲフィオン

**吉野**　ゲフィオンですか？

**いと**　はい、ゲフィオンという女神です。後にゲフィオンは、ギフトに変化します。

**吉野**　与えるものですね。

**いと**　そう、ギフトの語源になっているのです。実はゲフィオンの壁画から読み取れるデザインが、世界中にあるということに気づきました。

今、これを皆さまにお伝えしています。

**吉野**　これは、カタカムナですね。まさに。

**いと**　フトマニの中心、ウがゲフィオンの頭の上に描かれています。

**吉野**　なるほど。ピラミッドに目がありますね。真ん中が女性なんですね。子宮ですね。

**いと**　宇宙の子宮ですね。

**吉野**　生み出すものという。神が女性だからですね。その周りに、雲があります。

**いと**　雲ですね。

**吉野**　雲は生命のエネルギーの、先ほどお話しした、臨界点8のところにあるんです。だから、出雲というのは出る雲と書き、八雲・八重垣……と続き、スサノヲは、その八重垣の中に「クシナダ姫＝9（自分の内なるアマテラス＝5・4）」を囲うと読んでいますね。八岐大蛇も8であり、その他にも出雲には888の循環が続きます。

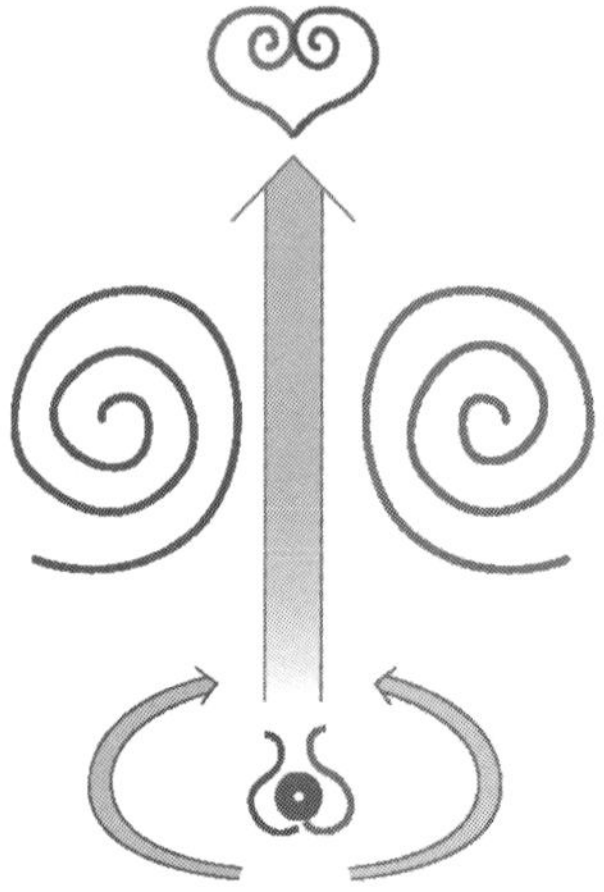

イメージ図１

イメージ図２

**いと**　このイメージ図は、実は、フトマニを研究しているうちに生まれました。（イメージ図1参照）

　イメージ図を逆さにするとこうなります。（イメージ図2参照）

　このイメージ図は、渦を描く宇宙エネルギーの中心が凝縮した中から、ポーンと上に跳ね上がる現象（心御柱《しんのみはしら》の現象）が生まれ、その両側に異なる回転の渦が生まれているという図です。

　これが、陽と陰という世界の始まりです。この陽と陰は、本来はもともと一つの渦であったのです。その二つの渦が対立していては、

玉造稲荷

新たな生命は生まれない。異なる渦が一つになった時、初めてハートのデザインが生まれます。

そのハートが、イメージ図の最上部に描かれています。

このハートが、新たな生命を生むシンボルとなります。まさにハート（♡）は、神が創ったデザインです。

そういうことでゲフィオンはハートの神であることがわかりました。

**吉野**　そうですよね。そこがフトマニですね。

**いと**　この神のデザインは、実は日本にもあるんです。

これは、大阪の玉造《たまつくり》神社に見られるデザイン（１６９ページ）です。

イスラエルのコイン・アイリスのデザイン

**吉野**　勾玉をつくるところですね。

**いと**　はい。他にも、アイリスのデザインがあります。これも同じく両側に渦があって、この先にハートのデザインがあるということです。描かれてはいませんが。

アイリスの紋様は、イスラエルのコインにも描かれています。

同じように、これ（１７１ページ写真上、スリランカ寺院の床画像参照）はスリランカにある寺院に見られるデザインです。やはりこれも柱が立っていて、渦が描かれています。わかりにくいですが、一番上にハートのデザインがあります。

スリランカ寺院の床

北欧宮殿

これ（171ページ写真下、北欧宮殿画像参照）はヨーロッパの宮殿にあるデザインですが、やはり二つの渦があって、最上部がハートです。

同じようにこれは日本の縄文時代の土偶ですが、ハートのデザインがあります（ハート型土偶画像参照）。

**吉野**　本当に、ハート型ですね。

**いと**　宇宙の子宮から、ウーという音の柱が立って、その両側に異なる渦が生まれ、それらが融合したデザインがハートです。

これは、縄文時代の火焔式土器です。これも柱が立って、渦が起きて、ハートがあります（火焔

火焔型土器

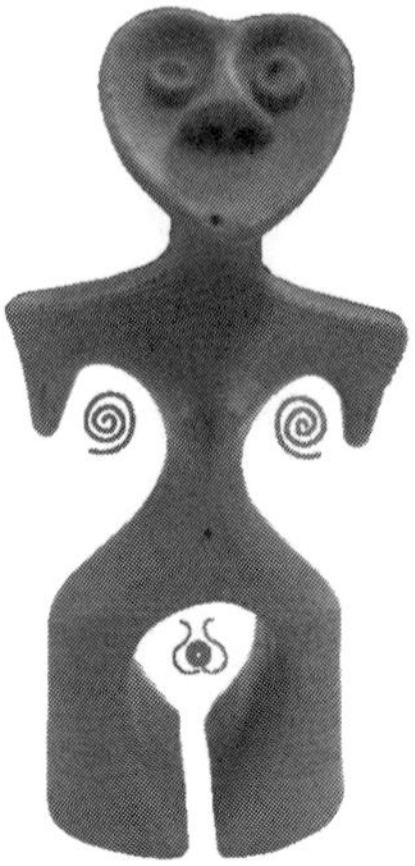
ハート型土偶

型土器画像参照）。184ページの図も同様です。

ですから、これこそが我々人類の意識の中にある共通のデザインと見ています。

詳しくは「フトマニと北欧の女神ゲフィオンから読み解く　古代人の宇宙観と文字生成の原理」（ホツマ出版）をお読みください。

**吉野**　西洋、東洋、共に、最も神聖で重要なモノは「ハート」、つまり「心」だということですね。やっぱり、こうして対話をするのは面白いですね。

**いと**　はい。先生のお話はご本で読んでいますが、深い意味はやはり、直接お会いして聞かないと分からないかもしれません。

**吉野**　そうなんです。本当にさらっとしか書けないので。いと先生は、ご本から受けたイメージどおりのお方ですね。

**いと**　私の本も、たぶんそうだと思います。お会いして話すのはとても重要ですね。

## カタカムナでわかった宇宙の構造

**いと**　ところで、吉野先生はお子さまはいらっしゃるのですか？

**吉野**　はい、４人産んで、１人が産まれてすぐ亡くなって、男２人、女１人で全員独立しています。今は夫婦２人で暮らしております。

**いと**　私は子どもが２人で、今は２人とも40代です。お互い、もう子どもには手がかかりませんね。

お子さん方もやっぱり、カタカムナをやってらっしゃるんですか？

**吉野**　本当は、私はカタカムナを知るずっと前から、よくカタカムナ的なことを話していたんですけれど、家族は誰も聞く耳もたずの状態でした。

何故なら、私がしゃべり出すと熱がこもってしまうので、止まらなくなるからです。なので、子どもたちはすぐに「超音波！」とか言って、みんな蜘蛛の子を散らすように逃げ出したんです（笑）。主人に話し始めると、約2秒で寝てしまう状態でした。誰も聞いてくれなくて、なんか寂しかったです。

それでも、一人で仏教や神道、キリスト教の目指すものは何かなどと常に考えていたら、最後に、カタカムナに行き着きました。

カタカムナの相似象会誌を読みあさり、理解できなかったので、今度は書き写し始めました。それから日本語48声音の一音一音に秘められた思念とは何か？　私が「ヒ〜」と声を発したら、目の前でいったい何が起こっているのか？　などと一音ずつ考え始めたんです。すると、短期間で48音の音の意味が、まるで降りて来るように閃き始めました。

それを思念表としてまとめ、その思念を使って様々な言葉を読み解きだしたのですが、その読み解きが毎回ピッタリなので、本当にビックリの日々でした。

その言葉の読み解きから、宇宙の構造が理解でき、神のお名前の読み解きから神界がわかり、科学の世界までもが、手に取るように理解できてきました。あまりの凄さに、この真理は一人でも多くの人に伝えていかなくてはと思い、２０１３年2月から全国各地でカタカムナセミナーを開催し始めました。

そして２０１８年になると、私一人では追いつかない、同じようにカタカムナを発信できるカタカムナ講師を養成する学校を作ろうと、私の地元でカタカムナ学校を開校しました。人手が足りないので、それ以来、家族総出で手伝ってくれていますが、そのおかげで、今では家族全員がカタカムナの真理を理解するようになり、全力でサポートしてくれています。

また、第1期、第2期の卒業生の方々も、いろいろな役割を担いながら、手伝って下さっています。しかし今年から新型コロナの影響で、集まって授業やセミナーができなくなってしまいました。もう、カタカムナ学校も終了かと危惧しましたが、動画配信やzoomなどに詳しい方々のお陰で、学校をオンライン化でき、現在では前にもまして生徒さんがオンライン授業に参加してくれるようになりました。

また、オンラインという特性を生かして、海外からも参加して下さり、一気に国境の壁を超えることができました。

本当にやりたいことに出会え、多くの協力者に囲まれて、カタカムナを思い切り語る日々が来たこと、毎日、感謝で一杯です。

いと先生も、たくさんの方々とホツマの集いをされていらっしゃるとお聞きしましたが。

**いと**　私の教え子は、一人一人がとても立派な方です。こうやったらいいなどということは伝えていません。それぞれが持つ種を観て、ホツマを通して話すと、響いていくんでしょうね。やがて、どの方もすごい活動をし始めていることがわかります。それを楽しんでいるというのが現状ですかね。

**吉野**　そうですね。みんなが輝いて成長していく姿というのは、本当に大きな喜びですね。

**いと**　はい。ヲシテ文字を書くことを楽しむ人とか、和歌をつくって楽しむ人とか、ホツマの旅に行ったりとか。みんなそれぞれですが、その話がまた面白くて。逆に私も刺激を受けています。

みんな感性が豊かです。昔は、歌うことや踊ることを恥ずかしがることが多かったのが、今の人たちは、みんな楽しんでいますよね。

**吉野**　そして、みんな、すごく波動が高いですね。

**いと**　今までは、こうしなくちゃいけないとか、制限を与えるような教えが多すぎましたよね。そこから枠を外して、もっと個性が生きるような何かを植えるというか、種をまくというか……そんなほうが、ずっと伸びると思います。

**吉野**　それぞれの得意分野が違うので、普段はいろいろと別のことをしていても、まとまると、とても大きな力になることがありますね。

**いと**　私がホツマから学んだ大切な点は、アとワの世界、潜象世界と現象世界です。それらの融合という観点で広げて、なんていうんですかね……、もう少し広げていけるところがあると思います。

例えば、ホツマを古事記、日本書紀と同列に並べてしまうと対立が起きてしまうのです。ホツマにはこう書いてあった、とか……。

**吉野**　お互いに解釈の違いがあって当然です。それぞれを尊重しながら違いを楽しむ感覚で良いのではないかと思います。どちらかが○とかではなくて、実はその違いそのモノにこそ、真実が隠されているのかもしれません。お互いに共同研究すべきですね。

**いと**　そうですね。違いにフォーカスして論争するということは、もしかしたら意味のないことかもしれません。

論争ではなくて、今、自分の身の周りに起きている現象と照らし合わせ、ただ眺め、受け止めるといった感覚で良いのではないかと思っています。

**吉野**　調和ですね。

**いと**　古事記も日本書紀も受け入れた上で、自分の中で何か一つ、おさめるものがあると思います。間違いと決めつけるのではなくて、それもあると認めるけれども、私の中心軸はここだという考えを持つこと。ただそれだけでいいと思っています。

その大元は、先生のおっしゃる中心の中心です。ここの世界ですよね。ここに気付きを得るということだと思います。

カタカムナの解釈は、漢字の表現もできるというところが面白いと思っています。

でもこの解釈をなさっているのは、カタカムナの研究者の中では吉野先生だけですか？


**吉野**　はい、たぶんそうです。

カタカムナは、現在、80首のウタヒしか残っておらず、その80首を完全に解読できた人はいない状態です。相似象会誌という本を書かれた宇野多美恵先生が、恩師の楢崎皐月先生の意思を受け継ぎ、一応80首の解読を試みられていますが、ご自身でも納得のいくものではなかったようです。

宇野多美恵先生の御苦労が本当に偲ばれます。

何故なら、カタカムナウタヒには、古事記の神の名が誓約のところまで、古事記の順に連ねてありますが、これを読み解くということは、神の名が何を意味するのかを読み解かなくてはなりません。神の名前そのものが、それを解く暗号なのです。

なので、私は、神の名を構成する48音の意味を解読することから入ったのでした。

そして、まずは、思念が正しいかどうかを調べるために、片っ端から言葉を読み解いていきました。

そのうちに言葉自体に、法則があることに気が付いたのです。それを、『カタカムナ言霊の超法則』（徳間書店）として、出版させていただきました。

さらに研究を進めると、5首6首の48音の並びは、「ヒ・フ・ミ・ヨ・イ……」と「1、2、3、4、5、……」の数で始まっていることに意味があるのではないかと気づき、その5首6首の声音の順番に数を割り当て、言葉を計算していきました。

そうすると、数にもきちんとした数霊の法則があることに気が付いたんですね。それで、「カタカムナ数霊の超叡智」（徳間書店）という本を出版させていただきました。

その後、言霊と数霊以外にも、宇宙は振動の法則で現象が起きているとしたら、それは必ず形にも表れているはずだと思い至りました。

例えば、「の」の字は「時間をかける」という思念がありますが、その思念から「の」の右回りの渦はトキの経つ方向性を表しているはずです。

それで時計をみると、そのとおり、時間が経てば右へとまわります。そうすると「の」という部分を持っている字は、「時間をかける」という意味を含んでいるのではないか？　と思いました。

例えば、「よ・ね・な・ぬ……」などの字は、一部に「の」を含んでいますね。

「よ＝新しい」という思念ですが、その文字の形から、「ト＋の」が繋がっていると見ます。ひらがなもカタカナも漢字もアルファベットも、宇宙の振動が表した形霊として見ると、区別する必要が全くなくなるのです。

なので、どんな文字もカタカムナの思念表を使えば、読み解くことが可能になります。「ト＋の＝統合して時間をかけたモノ」、これが「新しい」という意味だとわかります。

つまり「新しいモノ」とは、例えば新生児は、精子と卵子が統合して胎児となり月が満ちて生まれ出たモノです。すべての新品は、いろいろなモノを統合し時間をかけて完成したモノです。

よ（新しい）とは、その本質に「トとの」の思念を持つモノと理解できます。統合する前は、未だ何物でもなかったのですが、組み合わせて一つにすると、新しいモノが生まれる。「新しい」とは何だ？　と改めて問われるとなかなか返答できないのですが、こうして読み解いていくと、成り立ちや本質が整然と読み解けてくるのです。

また、漢字も、同じように簡単な形に分解することで、読み解けるようになります。

例えば、前述したように「空」の字は「ウ＋八＋エ」が組み合わさっていますね。

「空」とは何か？　と言うと「生まれ出て（＝1〜）、八から、うつったもの（＝九）」となり「空《くう》」が「九」と同じモノであることがわかります。

哲学や宗教で「空《くう》とは何か」とよく論争されていますが、空を「そら（外れた場）」とも読むことから、その色形や場所が、漢字を読み解くことによって現わになってきます。

形霊で読み解けるものは、文字はもちろん、マークや紋章、また、あらゆる形を含むので、範囲が膨大になりますが、何とかその法則を今度はまた、一冊の本にまとめたいと思っています。

もし、一つの言葉を、言霊と数霊、形霊で読み解くことができれば、あらゆる謎を解明する大きなツールになることでしょう。

これもすべて、カタカムナ5首6首の並びの48音の思念が理解できたからこそ読み解けるので、私は本当にこの技術を一人でも多くの人に伝えていきたいと心から願っています。

しかし、真理はカタカムナだけではなく、あらゆる言葉に伝わっているので、今度は、この対談を機に、ホツマのヲシテ文字も、ぜひ、勉強していきたいと思います。

いと　この思念表が、吉野先生の核なんですよね。

吉野　はい、そうです。この思念なしには何もわかりませんでした。数霊も、形霊も、最後はこの思念に照らし合わせて理解します。そして今、この思念で次々とカタカムナウタヒも読み解け、本当に深い世界が、そこに描かれていることに毎日驚嘆しています。

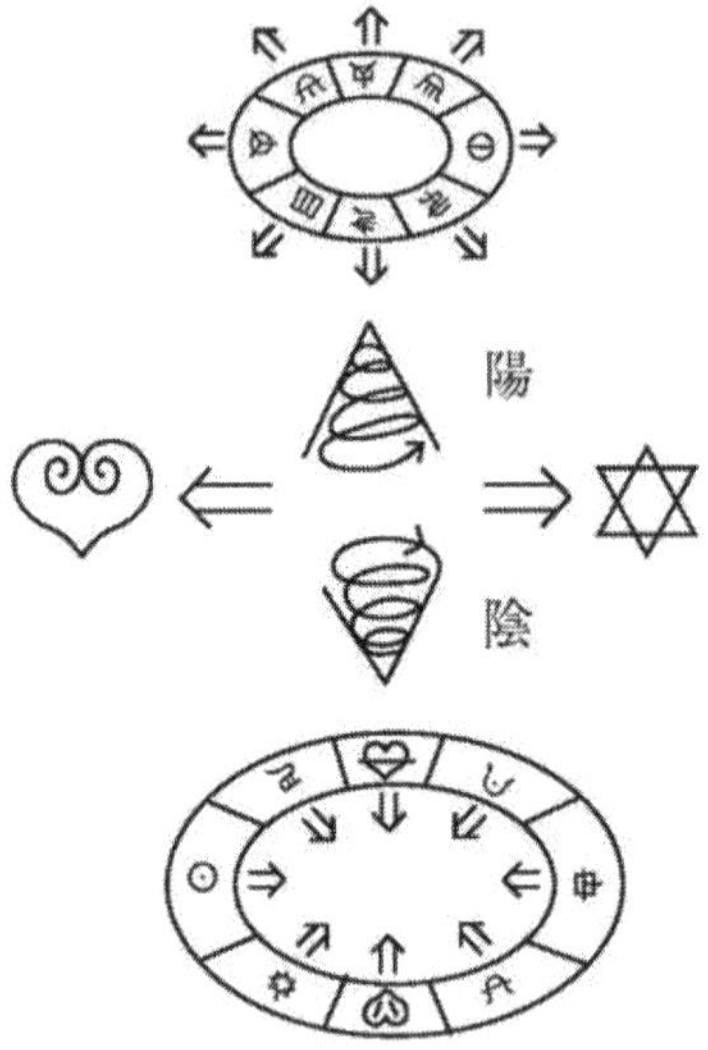


カタカムナを偽書だという人がいますが、もしそうだとしたら、その偽書を書いた方は、神様だろうと私は思っています。

いと　ほかの先生のカタカムナの本を読んでも、この表がないですからよく分からないのですね。

**吉野**　はい、同じカタカムナとは言っても、私は言葉に特化して読み解く方法なので、他の先生と違うことを言っている場合が多いです。

でも、最近はこの思念表を使用して、独自に読み解いて下さる方々がたくさん出てきていますので、嬉しい限りです。

すべてのことを読み解こうと思ったら、私一人ではなく、やはり、その専門分野の知識が豊富な方が読み解くほうが、理解が深く早いだろうと思います。

## 日本語の始まりは縄文時代だった?!

**いと**　カタカムナについては、時代はどのあたりと思われますか?

**吉野**　縄文時代の前かもしれないです。縄文以降の遺跡は全国にたくさん出土していますが、これまで出てきていないということは、その前かなと思っています。内容も古事記の創世記を表す「上つ巻」の誓約のところまでで終わっていますから。

日本語48音が出てきていますので、日本語の始まりではないかと思っています。

**いと**　そこはヲシテ文字もいっしょだと思います。そのフトマニの概念を体系化したのは5代タカミムスビ、トヨケカミ（豊受神・伊勢神宮外宮のご祭神）ですが、フトマニの概念は、日本の祖クニトコタチ（国常立）も持っていたと思います。以降、日本のアマカミと呼ばれた古代天皇が縄文時代にこれを受け継ぎ国づくりをしていった、と考えています。

もたらしたのは、地球外から来たなんらかの生命体ですか？　とよく聞かれるんですが、縄文初期のアマカミは霊体的な存在でした。

クニトコタチの親、アメミナカヌシ（天御中主）は、空間を自由に移動できたので、地球か地球外かなどとかいう考えもなかったのではないかと思います。

**吉野**　同感です。今、「アマカミ」の数霊を数えてみたら「52＝いのち」となりました。私たち人間自体が宇宙生命体ですので、土星とか火星とかプレアデスとかシリウスなどと、あえて分ける必要もないかと感じています。

**いと**　そうですね。

**吉野**　人間には60兆以上の細胞があり、細胞は分子、原子、素粒子などでできている。体中が細菌だらけで、人体自体がまさに宇宙ですね。条件が整えば、宇宙のどこにでも命が発生するのではないでしょうか。

私は、核のゼロ空間は、時空間が無いと思っています。ゼロの空間はあるけれど、核内では動きが止まっているので、時間が無いです。なので一瞬にして、ゼロで全部繋がっている。地球の中心と太陽の中心、宇宙の中心、自分の中心、原子の中心、全部ゼロで時空を超えて繋がっている。それが大きいか小さいかの違いだけですね。

**いと**　一瞬ですね。

**吉野**　はい、同時と言ってもいいかもしれません。

ところで、ホツマツタヱでは、漢字についての概念はあまりないですか？

**いと**　私は、ホツマツタヱはヲシテ文字で読み解くよう努めています。漢字は別の読み解き方があると思っています。

漢字でヤマトと書くと、大和になります。倭と書く人もいます。

でも、ホツマで大事なのは音＝ヲシテ文字なので、ヤマトというのはヲシテ文字で理解することが重要となります。ヤというのは永遠に広がる力（陽）、そして宇宙の創造神アメミヲヤを崇める音です。一方、マは中心にいく力（陰）、宇宙の五元素を降ろす音ですから、ヤとマは陽と陰を表現します。それを一つにする。それがトのヲシテ文字です。

ホツマには「トの教え」というものがあります。それはまさにこのことを意味しています。トの教えは、後に勾玉で表現しています。

それがすなわちハートのデザインと繋がり、それがヤマトの意味と考えています。ですから、漢字を読み解くという考えは、私の中にはありません。

吉野先生の研究は、漢字を含めて読み解くというところが、とても面白いと思っています。

**吉野**　ありがとうございます。

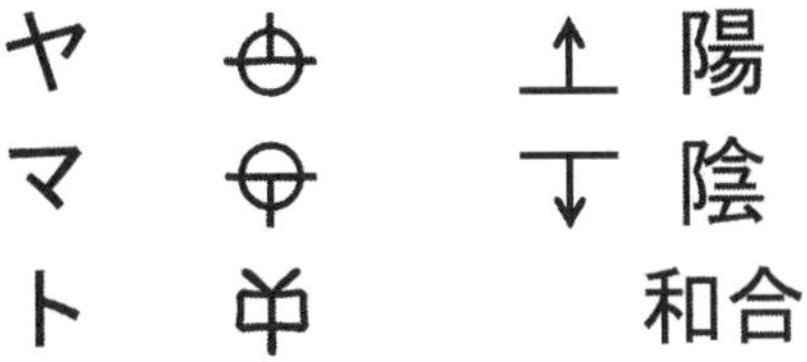


## ヤマトとは陰陽和合＝日本の和の精神

ヲシテ文字で、ヤとマが反対の形とは面白いですね。カタカムナでは「ヤ＝飽和する」で山を表し、「マ＝受容する」で谷を表します。形の概念がヲシテ文字といっしょです。

そして「ト」の字は、二つが一つになって空間を突き抜けている形。なので「ヤマ＋トの」ヤマトとは陰陽が統合して、空間を突き抜くコトを示しています。ヲシテ文字は素晴らしい形霊ですね。

いと　あと、数字につきましては、ホツマのヒフミヨイムナヤコト（1、2、3、4、5、6、7、8、9、10）は、現象世界（陰・アメノヱナの中側）と潜象世界（陽・タカマノハラ）を表す音であると伝えています。

1から8が現象世界、9が現象世界と潜象世界の境目（アメノヱナ）、10が潜象世界です。

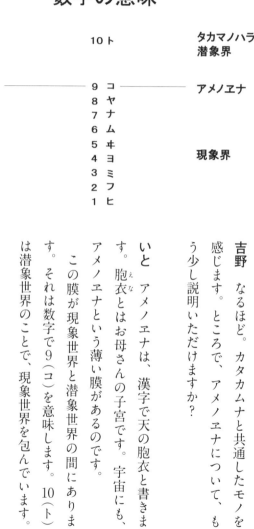

# 数字の意味

| | |
|---|---|
| 10 ト | タカマノハラ<br>潜象界 |
| 9 コ | アメノヱナ |
| 8 ヤ | |
| 7 ナ | |
| 6 ム | |
| 5 ヰ | 現象界 |
| 4 ヨ | |
| 3 ミ | |
| 2 フ | |
| 1 ヒ | |

**吉野**　なるほど。カタカムナと共通したモノを感じます。ところで、アメノヱナについて、もう少し説明いただけますか？

**いと**　アメノヱナは、漢字で天の胞衣と書きます。胞衣《えな》とはお母さんの子宮です。宇宙にも、アメノヱナという薄い膜があるのです。

　この膜が現象世界と潜象世界の間にあります。それは数字で9（コ）を意味します。10（ト）は潜象世界のことで、現象世界を包んでいます。

　タカマノハラが数字の10です。ですから、タカマノハラを漢字で高天原と書いて、これをどのように読み解くかということはあまり研究されていません。

前述しましたが、天皇のお名前（諱《いみな》）に「仁」の漢字があります。仁はヒトと読みます。このヒトは一（ヒ）と十（ト）という意味です。ホツマにはアマカミ（天皇）は一（ヒ）より十（ト）までに尽くす存在とありますが、それは現象世界から潜象世界（タカマノハラ）までの世界を祈りによって尽くす、という意味と私は解釈しています。

ちなみにホツマでは、アマテルカミ（天照大神）のヰミナ（諱）はワカヒト（若仁）、イサナギのヰミナ（諱）はタカヒト（貴仁）といいます。

また、タカマノハラ（高天原）の「タ」という文字は、ヲシテ文字では、宇宙の中で陰陽が一つに統合されている状態を意味します。

ヲシテ文字で、「カ」は光です。

「マ」は、その宇宙のエネルギーを下に降ろす。それがタカマという場所です。

「ノ」はハラを一つにするという意味で、助詞のノと同じです。ハラというのはお腹のことでもあるし、原っぱの原の意味もあります。

ホツマでは、宇宙＝人間です。

その人間というのは、先に述べました五元素を持った存在という考えになります。

# 人は宇宙そのもの

⊙ 頭　百会を開き、つくす、やわすの
エネルギーをタカマノハラより受ける
⊖ 頭に浮かぶ悪い思いは「サッサ」の
コトタマではらう。「アリカトウ、ワナウレシ」
喉・胸　森や海に行き、清らかな空気を入れる。
深呼吸をする
横隔膜　常にゆるめる。横隔膜の胸の骨をゆるめる
胃・腸　食べ過ぎず、野菜をとる。腹八分
腰・足　温める、ゆるめる、温泉・温浴

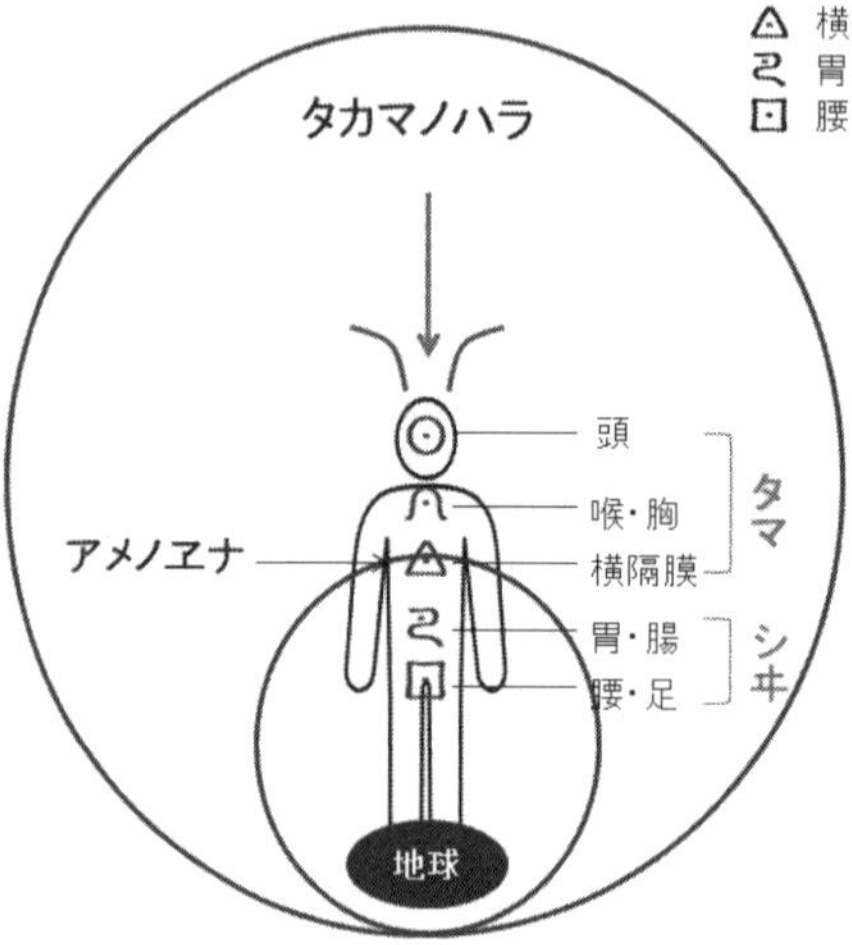


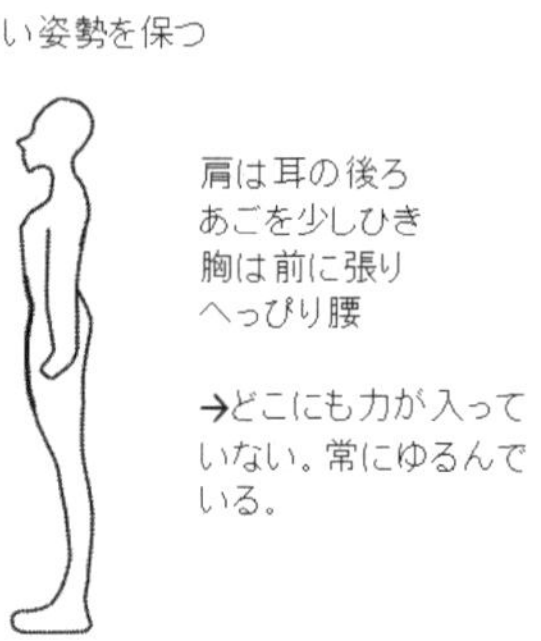


カタカムナには、高天原という言葉はありますか？

**吉野**　はい。ありますが、カタカムナは声音記号なので「タカマガハラ」と書いてあります。

今お聴きするヲシテ文字の世界観は、何を表しているのかがとてもよくイメージできます。特に「宇宙＝人間」という考え方は、全くカタカムナと同じです。

ホツマとは、視点と表現は違いますが、基本的にカタカムナの世界観と同じものだなと思います。

「タカマガハラ」は、言葉で読み解くと、タカとは「分かれた力＝太陽」の意味で、マガとは「受容の内なる力＝地球の力」のことで、その太陽と地球の力が引き合う「原」とは、大気圏のことになります。

つまり、空気があり、雲で水が循環し、太陽が沈み、朝日が昇り、昼と夜がある空間、つまり空（9）です。

しかし、外にある世界は、必ず内側にもあるので、アマテラスがいらっしゃる場所は、その内側の世界、つまり高天原の2次元の膜が入り込んだ、母の子宮の膜（2次元）に包まれた創造の空間（6）です。なので「原＝腹」と言っているのでしょうね。その内側の6の形の○の中で創られたエネルギーが、反転して空（9）の外の世界に現象化していると見ています。

**いと**　私のイメージと非常に近いものを感じます。

## 縄文の叡智を蘇らせるホツマ、カタカムナ

**吉野**　ところで、セオリツヒメ様に関して、私、いと先生の本を読んですごく感動した部分があります。稲や豆に虫がついて、民がみんな困っているということで、セオリツヒメが30人の官女を左右に従えて、祓い歌を360回歌って、虫をはらったというところなんです。

大気圏

**いと**　「たねはたね　うむすぎさかめ　まめすめらの　そろはもはめそ　むしもみなしむ」という5、7、6、7、7の歌ですね。この歌はワカヒメが創り、セオリツヒメが官女と共に歌った歌です。

**吉野**　はい。和歌の美しいリズムの、5、7、5、7、7ではなくて、6をはさむことによっ

て虫の居心地を悪くしてはらったという。
その歌の意味が、「稲や豆などを全部食べちゃったら、あなたがたも私たちも皆死んでしまいますよ。それはやめませんか」、という意味だったんですよね？
そんなに優しく、蝗《いなご》みたいな虫を説得したということでしたね。

**いと**　はい、そういう歌でしたね。

**吉野**　虫にさえも、殺すとか退治するとかではなく、あなたが生きる道のためにも、こうしたほうがいいですよね、と優しく説く歌を３６０回も歌って、それを虫も理解していなくなったという。

**いと**　虫にも寄り添っている感じがしますよね。

**吉野**　はい。これはまさしく、平和の体現ですね。虫もむやみに殺さないという、命というものに対する考え方。

それが、天皇制という中での人としてあるべき生き方だというのは素晴らしいです。今だったら、農薬を撒いたりするところですが、この時代では、虫にまで真心でお願いして、みんなが生きられますように、ということを言っていますから。

**いと**　言霊、音霊を歌に乗せてですね。

**吉野**　この歌は、「共に生きましょう」という気持ちが伝わってくる内容で、生きているもの同士として、虫を人間と同じ視点で見ていることがわかりますね。人間と、稲と、虫とがいっしょのような立ち位置なんですね。

「30」人の女官という数が出てきますが、何故30かというと、この数字は、「ソ＝外れる」という意味なんですね。歌に6を入れて居心地を悪くし、虫をそこから外して、歌を360回繰り返したというのは、一周回ったんですね。

外れて、ぐるっと回って、元に戻りなさい、ゼロに戻りなさい。という思いを言霊にのせたというのがわかるんです。

**いと**　そうした解釈は、とても嬉しいですね。ちなみに「君が代」も5、7、6、7、7になっています。

**吉野**　普通、和歌の5、7、5、7、7の31文字（みそひともじ）は、「伝わる（5）・調和が（7）・伝わり（5）・次々と調和する（77）」という意味で、繋がって通い合う心を表しますが、32文字は「伝わる（5）・調和を（7）・収めて（6）・次々と調和する（77）」となり、一旦縁が切れ、その後に新しい調和が次々と訪れます。稲の虫も一旦消えて、やり直しましょう、という意味でしょう。

「君が代」が32文字なのは、6という「間」は「地球の核」を表すので、地球という一日、一年の時間が、自転公転しながら核に戻って終わり、また、新しい時が生まれて永遠に続く……という意味だと考えられます。君が代を思念で読み解くと、時を重ねて自転公転する地球創生の物語だということがわかります。

縄文時代は本当に平和で、1万年以上も戦争がない状態が続いていたそうですね。出土品に武器が出てこないとか、縄文土偶も、ほとんどが受胎した女性を表していますし、命を生み出す女性を神聖なものとして捉えていたことがわかりますね。

一方、世界は、神のために人を殺してきた歴史が続いてきました。

**いと**　そうですね。まるで逆になっていますね。

**吉野**　その素晴らしい縄文の思想を、現代の世界に蘇らせることができれば、本当の平和がきますね。

**いと**　きます。

**吉野**　ホツマとカタカムナというのが、縄文の英知だとすると、協力して縄文意識を蘇らせなければいけませんね。

**いと**　そうですね。ある時、どうしても自分の中の欲が強いと思うことがあって。

**吉野**　どんな欲ですか？

**いと**　やはり欲にはいろいろあると思うのですが、なんていうのかな。基本的には、自分でこうしたいと思う欲でしょうか。

**吉野**　読み解いてやろうとか。

**いと**　そうしたいという欲。

**吉野**　真理を見つけたいとか。やっぱり男性的な、攻略したいみたいな欲望でしょうか。

**いと**　そういうことですかね。自分の意思でこうしたいと強く思うと、かえってうまくいかないと分かって。

欲をどういうふうにしたらいいかというところで思うことは、ホツマにはサシスセソという音があります。サー、シーッて、魔をはらう音ともいわれていますが。

その中に、スという、素直になるという音があります。できるだけ素直になろうとした時に、スーッという欲のない状態に入っていきたいと思っています。

**吉野** 私も同じです。素直に生きていくことは、現代ではたくさんの誘惑がありけっこう難しいでしょうが、そこにしか幸せは無いですね。

カタカムナを、このように5首6首の思念を使って読み解いていけば、「古事記」の本当の意味が見えてくるんです。また、「古事記」では分からない部分でも、ホツマでなら解読できるということもあると今回確信できました。

**いと** おっしゃるとおり「古事記」は漢字で書いてあって、ホツマはヲシテ文字で書かれていますが、そこの本質については吉野先生が語っていらっしゃるような部分もあると思います。

この世というのはそういう形で表現されているというか。現実に起こっていることもそうですね。

**吉野** はい。振動しているから起こっている。なので、起こっていることすべてに意味があるとみていきます。

**いと**　どのような時代になっても、草薙剣が必要な状況もあるわけですね。古来のことを学ぶ大切さというのは、そこにあると思います。

**吉野**　本当の剣で戦うと死ぬじゃないですか。人を殺してしまいます。

命を最も神聖とみて、尊ぶ考え方の究極に来るもの、それは、剣のように鋭い真心の言葉で、問題を解決し、相手と調和していきなさいということ。敵対するような相手と、共に共感できる関係を築いていく、この命をかけたやり取りを「真剣」と言ったのでしょう。

これは本当に難しいでしょうが、ある一定を超える熱量は、必ず相手を凌駕《りょうが》します。「否応なしの愛」でしょうか。アマテラスとは光と熱のことですから。

## 祝詞に込められた罪、穢れ

**いと**　話は変わりますが、今の祝詞について、ホツマでは違う解釈ができるのかという質問をされたことがありました。

たぶん、吉野先生と考え方が異なると思いますが、ホツマの話で説明しますと、祝詞は、実は古代において起きてはならない事件が起きたことに由来します。

大祓いの祝詞などには、胡久美《こくみ》、白人《しらひと》とか、天益人《あめのますひと》などの言葉が出てきます。

ホツマにも、胡久美、白人という名の人が出てきます。彼らはとても悪いことをした人たちなのです。彼らは皇室の人ではなく、血筋が分からないような人たちでした。

実は、ホツマではイザナギの弟にクラキネという人がいたと書かれています。

**吉野**　クラキネですか。

**いと**　このクラキネさんは、天皇イサナギの弟であったことから、アマカミ（天皇）にはなれなかったものの、自由奔放の人だったのです。先に出てきましたモチコ・ハヤコのお父さんです。
そのため、日本海側の国にいたとても美しい女性、でも素性が分からない、サシミメという女性を妻に迎えました。ちなみにサシミメはモチコ・ハヤコの母ではありません。

そのサシミメの取り巻きで、胡久美、白人という人が、我々はサシミメの兄とか親戚とか言って、近寄ってきたのです。

クラキネさんは、自分の持っていた高い身分を使って、彼らに益人という役人の地位をあげたわけです。今の県知事クラスかと思いますが。

そして、クラキネさんの妻サシミメが、クラキネさんが死んだあとどうなったかと言いますと、胡久美、白人がサシミメさんを犯し、なおかつ、サシミメとクラキネの間に産まれたクラコヒメをも犯すという事件が起きたのです。

そもそも、サシミメさんは素性が分からない人ですし、胡久美、白人も同様です。彼らはサシミメの取り巻きにすぎません。

それなのに高い身分（天益人）についた二人は、賄賂《まいない》を取るなど自分勝手な政治をし、国を大いに乱してしまいました。

その罪、穢《けが》れのことが、中臣祓《なかとみはらえ》とか大祓《おおはらえ》の祝詞の中に書いてあるのです。

縄文時代に起きたいろいろな罪、穢れが、祝詞に込められているのです。

そのことが、ホツマを読むとよくわかります。

**吉野**　大祓祝詞のことですね。

**いと**　はい。また中臣祓には、さらに詳しく罪や穢れについて書いてあります。

**吉野**　ホツマにはそのようなことが詳しく書かれているのですね。驚きました。その人たちのことを書いていて、それがすごい力になっているということなんでしょうか？

**いと**　はい。本来はそれを祓うといっています。私たちは、過去に罪や穢れを起こした人たちの遺伝子も持っている。悪い思いも引き継いでいます。だから、神社にいって神主さんに祓っていただくことはとても大事なことと思います。

**吉野**　原罪ということでしょうか。

**いと**　原罪は、人間が神との約束を破った罪ですが、祝詞の罪は、人間が人間に犯した罪です。私は祝詞、特に大祓祝詞は、ホツマから意味を知って欲しいと思っています。

**吉野**　すさまじい文言ですよね。

**いと**　すさまじい文言や、とても気持ち悪い言葉もあります。

**吉野**　そうそう、たくさんありますね。

**いと**　中臣祓には、特に詳しく書いてあります。

祝詞が生まれた背景には、日本に漢字が伝わり、「古事記」「日本書紀」が生まれ、漢字を大事にしようとした人たちが、日本の文化、国の形をつくっていったことがあると思います。

江戸時代には、漢字中心の文化が完成していました。漢字を国家の中心に据えた時代（大化の改新）以降において、私の解釈ですが、ヲシテ文字などの古代文字は使えなくなったと考えています。たぶん、禁止令が出たのでしょう。

記紀の編纂過程において、当時、アマテラスオオミカミは、絶大な信仰の対象だったと思います。

でも、漢字中心の勢力にとってはある意味不必要な人であり、特にホツマに詳しく書かれている彼の教えは必要ないと思った人たちが、アマテラスオオミカミを天上界に上げ、神とし、神格化してしまったと考えています。

アマテラスオオミカミはホツマでは男性ですが、持統天皇が女性であったことなど当時の国の情勢により、女性に変えてしまったと思います。その時の権力者の意識が、そのようにさせたのでしょう。

サシミメ、白人、胡久美という人は海の向こうからきた人で、日本人ではない可能性もあると考えています。

記紀が生まれた時代にも、海の向こうから来た人がたくさんいました。

記紀が編纂される約50年前、663年に、白村江《はくすきのえ》の戦いが起き、日本が負け、そのために渡来人が大勢来ています。彼らは大きな力を持っていました。

太平洋戦争でアメリカに負け、日本文化が大きく変わってきたのと同じような現象が起きたと思ってください。

要するに、どちらかというと、漢字を大事にしたい海の向こうの人たちの勢い、流れが強かったことが背景にあったと思います。

**吉野**　そうなんですね。大祓祝詞は長いので、まだ読み解いていません。人の皮を剥ぐとか、気持ちの悪いことも書かれていたように思います。

**いと**　そうですね。そのような表現は気持ち悪いですね。

**吉野**　しかし、そういう経緯でしたら、今度ぜひ、読み解いてみたいと思います。

また、新たな発見があるかもしれませんね。基本的に日本は長い歴史の中で、たくさんの民族が合流した国だったと思います。

争いを避けようとする縄文人は、受け入れて統合しようとしたでしょうが、力で侵略してきた渡来人のほとんどは、各地で問題を起こしたことでしょう。

それが、縄文時代の終焉から弥生時代に移行した経緯だったと思います。

しかし日本人は、長い年月を重ねあらゆる努力をして、戦いより統合を進めていった。その背景には天皇制が大きな力となったことでしょう。そして、日本語を共有することにより、徐々に一つにまとまっていき、現在の日本人の基礎となったのではないでしょうか。

その過程は、決して平たんな道のりではなかったはずですね。歴史の中で苦しんだ人たちの思いは、私たちの代で、正しく受け取り、光に変えていきたいですね。

カタカムナでは過去は一切問いません。善悪は受け取る側が決めているとしています。今が愛と至福に満ちていれば、必ず過去と未来も浄化されるという概念です。なので、私は、あまり神道で使われているような祝詞は唱えません。

祈りの言葉は、いつも自分の心から湧き出てきたものを、現代の言葉で書いて、宣言文にして神様に誓っています。お願いもしますが、自分でも必ず誓いをたてます。分からないことも、率直に神様にお聞きします。

すると、即座に返答があることもしばしばです。現代の祝詞の形としては、自分の思いを言葉に出してそのまま伝えたらいいのかなと思っています。

**いと**　それは、全く私と同じ考えです。

## 日本から世界へ発信する「平和の波動」

**吉野**　日本人は、世界の中でもちょっと特殊な感じがすると思うんですけれども、その特殊性というのは、どこから来ていると思われますか？

**いと**　私は、日本人の特殊性というよりも、もともと人類共通の意識があったと思います。

確かにわが国では、クニトコタチ（国常立）が、紀元前11738年にこの国に現れ、ヤマトの国をつくりましたが、人類にはある共通の意識があると思っています。

繰り返しの話になりますが、宇宙が始まった時、陰と陽が融合し、争いのない世界が太古にはあったと思います。

ある時に、自分たちの食べたい肉を獲るために、森を壊し、そこから今ある文明が広がりました。

地球上に現れたもともとの民族はとても平和的で、彼らがいろいろなところでそれぞれの文明をつくった。シュメールなどの古代文明はその一つでしょう。

日本では初代アマカミ、国常立が、森の中で国の文化の基礎を築きました。

ホツマツタヱ22アヤ「ヲキツヒコ火水土《ひみつ》の祓い」の中に、「国常立のかんはらみ」、という一節があります。

かんはらみ、とは神を孕《はら》む、と解釈しています。これによってヲシテ文字の母音の基礎となる5元素「ウツホ・カゼ・ホ・ミヅ・ハニ」が生まれました。

7代アマカミ、イサナギ・イサナミの時代になって、5元素に宿る神の名が決められています。ウツホ（宇宙《そら》）に宿る神を「ウツロヰ」、カゼ（風）に宿る神を「シナトベ」、ホ（火）に宿る神を「カグツチ」、ミヅ（水）に宿る神を「ミヅハメ」、ハニ（土）に宿る神を「ハニヤス」と名付けられました。

日本の特殊性は何かと言うと、海に囲まれ、四季があるということです。江戸時代までは、海があることにより海外から一気に侵略される、ということがありませんでした。

こうしたことから日本には、今もなお約8万社の神社が残っており、山をご神体として、山には磐座《いわくら》があり、それが神の依代《よりしろ》となっています。

さらに、四季折々の行事が、今もなお残されています。

このような文明は、太古には世界中にあったと思いますが、今は、ほとんど支配者によって壊されています。

太古から続いている日本人の特殊性は、太古には世界中にあったものですが、今もなお残っているのは日本くらいかもしれません。

しかし、アメリカとの戦争に負けたこともあり、今、日本人が急速に変化しつつあると思います。

そこでもう一度、太古のことを、縄文時代のことをカタカムナや、ホツマツタヱなどの古代文献から思い出し、陰と陽、善と悪がすべて一体であるという考えを基にして生きることにより、日本から世界に向けて平和の心（波動）が発信できると思って活動しています。

**吉野**　本当にそうだと思います。今がまさに、縄文の心が蘇る時ですね。

私は、日本人の特殊性は、ある意味、日本語に由来しているように思います。日本語は48音のほとんどが、母音とセットになっていて、響く音はほとんど、その伸びた母音なんですね。

「ひー」という音は、「いー」という音だけが響いています。

その母音の役割というのは、母から子への思い、優しさです。お母さんの子どもへの気遣いが音に込められている。

日本語でやりとりすると、人の心が、共感しやすくなり、警戒心が薄れてきます。日本社会が、他国に比べ安全なのも、簡単に人を信用してしまうような、ある意味お人好しの傾向性を持つ文化なのも、私はこの日本語の母音性にカギがあるような気がします。

「大和は言霊《ことだま》の幸《さき》はふ国」とは、よく言われる言葉ですが、人が苦しんでいたり、傷ついていたりすると、自分も同じように苦しく、辛く感じるので、なんとか調和しよう、お互いに傷つかないようにしようという配慮で社会が成り立ってきました。

だから私、世界平和を成し遂げるには、実は日本語を広めるだけでいいと思うんです。みんなが、小さい時から日本語を話せば、人の苦しみや悲しみを共感するような心が育まれやすくなるのではないでしょうか。

だけど、そのプロセスというのは、強制的に日本語を学ばせるということではなく、日本人や日本自体が、本当に尊敬される人間や国になることですね。

近代、日本のアニメは世界中で認められており、アニメを通して世界の子どもたちが日本文化と日本語に興味を持ってきました。今や彼らも成長して、各界で中枢を担う年代となってきています。

一方、世界の小さな子どもたちも、引き続き日本発信のアニメやゲームに魅了され続けて

います ね。

そんなふうに文化的なことで興味が湧き、日本人が持つ協調しようとするエネルギー、考え方や死生観、そして何より日本語が自動的に広まっていくようなプロセスであればベストですね。

**いと**　そうですね。

確かに、ヨーロッパの人たちは日本人と接すると、日本語を聞かせてくださいって言うそうですね。

**吉野**　はい。そうですね。日本語は小鳥がさえずっているように聞こえると外国の方から聞いたことがあります。何故か、気持ちよく聞こえるらしいですね。

私は、アテネ、北京、ロンドンと、ゴールボール日本チームの帯同員として3回のパラリンピック競技会に行きましたが、選手村で働いている人たちやボランティアの人たちに出会うと、必ず、この言葉を日本語ではどういうのかと質問され続けました。

そして、閉会式が終わって選手村を出る頃には、そこで働くかなり多くの人たちが、覚えたての日本語で嬉しそうに話しかけてくれ、友好的な雰囲気に包まれたのを覚えています。

**いと**　癒しの波動みたいなものが出ているんですかね。

**吉野**　はい。それが母音の力ではないかと思いますね。

**いと**　確かに、ホツマでも母音はとても重要です。

「あいうえお」の母音は「ウツホ・カゼ・ホ・ミヅ・ハニ」といい、宇宙のそれぞれの根源を音にしていますからね。宇宙の力とか、風の力とか、火の力とか、水の力とか、土の力という、そういうものが母音ですから、宇宙および自然を感じると思いますね。

## 「ユダヤと日本を繋げ」

**いと**　私が分からないのは、子音を話す人たちのことです。

イスラエルには、音にしない文字があると聞いていますが、生まれた背景を知りたいと思っています。

**吉野**　私もイスラエルの言語、ヘブライ語に関しては全く知識がありません。ただ、「ユダヤと日本を繋げ」という啓示を数年前から受け、前述しましたように、2018年12月に、2週間、「カタカムナ・イスラエル伝道ツアー」と銘打ち、計27名で、イスラエルを訪れました。

目的は、イスラエルの4都市でカタカムナ伝道セミナーを開催することでした。

その時に披露するため、長年、お能で平和を祈ってこられた能楽師の方に、40年以上師事してこられたカタカムナ学校生の方が師匠の御指導を受け、創作能「カタカムナ平和の詩」を作って下さいました。

イスラエル出発前、私たちは日本で練習を重ね、イスラエルでは衣装も持ち込んで、拙《つたな》いながらも、真心を込めて各地で謡《うた》い、舞わせていただきました。

野外で舞っていると、最初は誰もいなかったその場所へ、不思議なことにバスが止まり、イスラエルの学生さんたち、また、ある時はアラブの学生さんたち、またある時は観光客の一団が、私たちを取り巻き、聴き入ってくれていました。

謡いを終了して顔を上げると、いつもたくさんの人たちに囲まれ、大拍手の中、交流が始まりました。この人たちはいったい、何にひかれてここに集って下さったのだろう？　と毎回不思議でしたが、今思えは、お能の抑揚で、あまり聞いたことのない日本語の母音を長ーく引き伸ばす、その響きに、引き寄せられたのではないかと思います。

子音（シオン）の国のイスラエルの民が、母音（日本語）の国の響きに引き寄せられ、本当に幸せそうに微笑んでいらっしゃいました。

**いと**　素晴らしい経験をされましたね。

**吉野**　はい、本当に実現できて良かったと思っています。

ところで、いと先生は、日本とユダヤとの関係をどう思われますか？

**いと**　とても興味は持っています。この間も、イスラエルからナバさんという元軍人の女性がいらして、カバラ（注　ユダヤ教の伝統に基づいた創造論、終末論、メシア論を伴う神秘

イスラエルにて１

イスラエルにて２

主義思想）の話をいっしょにしました。

カバラ思想の話の中で、イスラエルのコインにある渦巻きについて話をした時に、それとフトマニの渦は全く同じと話してくれました。

宇宙の始まりは、ウという音からミハシラ（御柱）が立って渦が生まれたということを話しました。このコインの文様、これはまさにフトマニの思想といっしょだというのです。

イスラエルのコイン

渦を融合することこそが、イスラエルの考えだと言っていました。このデザインの先にあるのはハートでしょうと話したら、まさにそうだと。


ですから、そういう意味で、基本は異なる渦を一つにし、ハートにするという宇宙観は、全世界人類共通にあると思っています。

言霊は、先生がおっしゃること、本当にそのとおりだと思いますが、一つは潜在的にこういった文様で表せる、もしくはデザインで表せるものが人間の潜在意識にあって、それをみんなに知らせることで、それぞれが気づき、響き合うことが可能になると思っています。

言霊と同時に、その文様、デザインを認識する、そういう説明もしていきたいと考えます。

一つは、フトマニにもアとワという二つの音があって、これを調和するとエネルギーが働きます。

アワを声に出すとか、「アワの歌」を歌うという、その二つのことはとても重要です。

それは、たぶん全世界共通のこととして、わかり合えると思います。ヤマトタケも妻のオトタチバナヒメをしのんで「吾妻《あづま》アワヤ」という言霊を発しています。アは天、ワは地、ヤは宇宙の創造神アメミヲヤを崇める音です。

「アワの歌」とフトマニを世界に広めたいですね。「アワの歌」は、まさに音霊です。


**吉野**　そうですね。思いを共有することが何よりも大事なので、紋章などの同じ形を見ることで、言葉以上に共感できることもあるでしょうね。

また、アワ歌は本当に素晴らしい言霊だと思います。

ずいぶん前ですが、数人でアワ歌を歌っていた時に、不思議な声が脳内に響き渡ったことがあります。
聴こえていたのは私の脳の中だけだったのですが、あまりに高音だったので女性かなと感じましたが、たいへんに力強かったので、男性のお声かもしれません。
その声は、私の歌声よりも少し遅れて、やはり「アワの歌」を歌ってくださっていました。衝撃的で、忘れられない思い出です。

**いと**　アワの歌の歌い方については、私がホツマから解釈すると、イサナギが陽の24音「アカハナマイキヒニミウクフヌムエケヘネメオコホノ」を、イサナミが陰の24音「モトロソヨヲテレセヱツルスユンチリシヰタラサヤワ」を歌うことになります。
この時イサナギとイサナミが同時に声を発し、倍音になることで陰陽が融合すると考えています。

**吉野**　それでは、あの私の脳内に響き渡った美しい声は、私のアワの歌と併せて歌って下さっていた、イザナギかイザナミさまのお声だったのかもしれませんね！　私の声とは全く違った別人格の神の声でした。倍音を創って下さっていたんですね！　教えて下さってありがとうございます。

また、少し戻りますが、イスラエルは、聖書の国でもありますね。

旧約、新約聖書を元として、ユダヤ教、イスラム教、キリスト教などの宗教が生れました。

エルサレムの旧市街地は城壁に囲まれて、8個の門があります。その、太陽が昇る方角の東側の「黄金門」だけが、門が塗り固められ、開かないようになっています。

何故閉じられているかというと、旧約聖書の中に、救世主が東からやってきて、その黄金の門を通って入ってくる、という預言があるので、イスラム教徒がそれを阻もうと、塗り固めたのだそうです。

でも、ユダヤ教徒はその聖書の預言を信じているので、救世主が来た時に、自分たちの魂を救ってもらおうと、黄金の門の周りはもうすべてユダヤ教徒の高級墓地になっています。

その一帯が見渡せるオリーブの丘で、私たちは閉じた黄金の門に向かって、先ほど述べた創作能「カタカムナ平和の詩」を心から奉納しました。

「ちはやぶる　今日のこのときこのところ　今日のこのときこのところ
集いたりし魂を　ことほぎ祝い　我来る 東に国のカタカムナ伝えんために　我来る

黄金の門

伝えんために来たりたり……」

と宣言したんです。

出だしの「ち・は・や・ぶ・る」は神につく枕詞であり、その時は気づかなかったのですが、帰国して読み解くと「ち」は「閉じた」という意味、「は」は「引き合うモノ＝門」という意味になり、閉じた門を「破る」と謡っていたことが分かって驚きました。

**いと**　なるほど。

**吉野**　これが黄金の門です。その周りの広大な敷地はすべてお墓です。

東の国、日の本から来た私たちは、この黄金の門を打ち破る勢いで言霊を発していました。

これも、その時は分からなかったのですが、後で考えてみると、このエルサレムの旧市街地を囲む、8つの門は、まるでカタカムナの八咫鏡図象を表現しているようです。八咫鏡図象の東（黄金の門）に当たるところは、「ヒ（太陽）」という言霊が出るところです。

子音（シオン）の国と母音の国（日本）は、もともと同じ言葉をしゃべっていたのではないかと私は思います。


何故なら、イスラエルのヘブライ語と日本語には、数千ものよく似た発音と意味を持つ言葉が共存しているからです。

ここから、聖書に書かれているように、バベルの塔以前は人類が共通語をしゃべっていたという記述が真実であれば、それが日本語だった可能性は大きいと思います。

何故なら、縄文人はもちろん、その当時も日本語をしゃべっていたことでしょう。

すると、日本語の歴史は1万5千年をはるかに超えています。それに対し、中東の最古の文明と言われるシュメール文明は５５００年程前の歴史です。

しかし、多くの専門家は、日本語とヘブライ語に共通の言葉が多いのは、ユダヤの12支

十字架土偶

族の末裔が日本にやってきて言葉や文化を伝え、日本の文化と融合していったからだと主張されていますね。そして、ユダヤ教や原始キリスト教を日本に伝えたからだと。

もちろん、その歴史も重なってはいるでしょうが、モーセやイエス・キリストが真理を表す人々だとすると、宇宙、生命の真理は一つなので、宗派に関わらず同じものを表現していたことでしょう。

青森県の三内丸山《さんないまるやま》遺跡で出土した、５５００年前のたくさんの板状土偶の中には、十字架の形の上に、イエス・キリストを彷彿とする人が描かれているものがたくさんあります。

まるで、現代のキリスト教のロザリオです。

また、縄文以前とされるカタカムナの紋章の⊕は、まさに教会の中の十字架を表しています。

カタカムナやキリスト教では、この十字の中にこそすべての真理が隠されていると考えます。

私は、真理とは、国や言語や人種の違い、時代をも超えて共通するモノだと思います。

なので、キリスト教、ユダヤ教のような宗教の原形は、もともとは日本で発祥し、それが他国の人たちの集合意識と繋がって形を変えていき、やがてはユダヤ教やキリスト教、イスラム教、そして仏教などとして、遠く離れたところで体系化されたと、私は想念の世界をそのように捉えています。

だから再び、集合意識で一つになれる、繋がれるのだと信じられるのです。

**いと**　先生のお話を聞いていて、「大きな栗の木の下で」という歌を思い出しました。

**吉野**　お遊戯がありますよね。

**いと**　あなたと、わたし。あなたのアとわたしのワですよね。仲良く遊びましょうという歌ですが、これは言霊の歌だと思っています。アとワです。だから戦争でも、狂言のようにおちゃらけることで、敵も味方も和ませることができるように思えるんです。

**吉野**　なるほど！　あなたとわたしで「アワ歌」なんですね。そして狂言ですか？

**いと**　アッハッハ、ワッハッハって歌うことで、相手はもう戦う気力がなくなってしまうとか、そういう力があるかなと思っています。

**吉野**　ありますね。最後は、心からの笑いがすべてを開きますね。

**いと**　吉野先生は、ものすごく強いメッセージを投げかけていると思っています。私の思いは、具体的にこうだというのではなく、音霊一つ一つが持っている力を大きな声で表現するという感じです。

意味がそこにあるかないかは別として、声に出す。その原理を知ると、とても良いです。声を出すことで、力が発揮されると思います。ですから、メッセージが重要で、より強いもので実現させようとする時は、吉野先生のお考えに深く賛同いたします。
ただ、もう少し柔らかいというか、やさしい感じも必要かと。

**吉野**　そうですね。おっしゃることはわかります。
私は、ただ、今世の余命は、平均寿命からいくとそれほど長くないので、少し焦っているのかもしれません。とにかく伝えておかないと……という感じです。
しかし、後世に続く人たちを大きく信頼して、皆で楽しみながら歩いていけたら本当にいいですね。平安時代の、ほわんとした和のイメージが大事ですよね。

**いと**　そのほわんのイメージが好きです。

**吉野**　楽しみながらですね。

**いと**　両方ですね。強いメッセージと、柔らかなメッセージの二つが絡み合うことで、また一つの新しいものができるという。
それと、吉野先生の作られた思念表は、変えてはいけないということが重要ですね。
ホツマツタエもそうですが、解釈も分かれますし、どれが正しいのか、学ぶ人は迷います。

**吉野**　ホツマツタエの読み解きの中で思念表を使っていただいたら、分かるところがあると思います。

**いと**　そうですね。いずれ活用させていただこうと思います。

**吉野**　ホツマツタエには、濁音はあるんですか？

**いと**　濁音はありますが、少ないです。後《のち》の人が濁音にしたものもあると思います。

**吉野**　私は、言葉を読み解く過程で、濁音にすると方向性が反対になるということを発見しました。それで、清音はプラスで、濁音はマイナスとして捉えています。

本来エネルギーが動かなければ、プラスもマイナスもないのですが、動き出すと、主体から見てどちらの方向に動くのかでプラス・マイナスが出てきますね。

**いと**　そこはいっしょだと思います。

**吉野**　そうなんですね。なので数霊では、濁音は方向性が逆になるので、マイナスになります。

**いと**　逆に行くと。

**吉野**　はい、濁音は引き算にします。

**いと**　例えば、鏡（カガミ）というと、カとガの音霊があります。カは光、ガは闇を意味します。光と闇を観るのが、鏡の機能です。

**吉野**　はい、打ち消し合って、「ミ」が残ります。ミは「光」という思念を持ちます。その光で鏡を見ています。計算式も本質を現しますので「カガミ→25－25＋3＝3（光・実体）」となりますが、

「カガ」で「25－25＝0」となるので、ミは「ゼロの実体（3）」、ゼロの実体とは「光」という意味に取れます。

**いと**　繰り返しますが、ヲシテ文字の鏡のカは光、ガは闇です。真逆の意味の、カとガが打ち消し合って、ゼロになるということですね。

**吉野**　そうです。カタカムナでは「カ＝チカラ（重力）」だと捉えています。

カの重力が入って来ると光（ミ）が渦を巻いて中に入ってきます。すると逆渦の反重力の渦が立ち上がり、ぶつかって「カ」と「ガ」がゼロ空間を創り出します。そのゼロ空間から出てくる実体が「命（いのち）」という「光（ミ）」であると見ています。ゼロ空間こそ創造の根元だと捉えるんですね。

なので、ホツマの「カ＝光、ガ＝闇」というのはとても納得がいきます。

鈴（スズ）もゼロになりますね。神道の御神体が鏡で、祈る前にまず鈴を鳴らすという行為は、自分と神を統合するためにゼロのエネルギーに身を置くという意味だと思います。

**いと**　スズもゼロですか。

**吉野**　はい。「スー」は外へと広がる渦、「ズー」は内側に入って来る渦で、打ち消し合って「ゼロ＝根源」になるんです。
伊勢の五十鈴川は禊《みそぎ》をする場所ですが、五十で「吾《われ》」という漢字を表しています。神に出会う前に、その吾のゼロ空間（鈴）に入る行為が禊なんでしょうね。

**いと**　鈴の裂け目を見ると、両側にハートがあります。

**吉野**　そうですね。

**いと**　中に入っているのは、子どもの種と私は理解しています。

子宮のことは、ホツマツタヱ4アヤに「タマシマカワの内宮」という表現をしていて、やはりホツマにも、お宮という考えがあります。

**吉野** なるほど。子宮という宮のなかの命（胎児）、それ全体を鈴とみるのですね。全くそのとおりだと思います。ゼロから生まれて来るのが命ですね。

**いと** アマテラスオオミカミは、生まれる時にすごく硬い胞衣《エナ》で包まれていました。それが胎盤ですね。

その硬い胞衣をどうしたかというと、山の上に置きました。それが恵那山《えなさん》（注　長野県と岐阜県にまたがる、木曽山脈〈中央アルプス〉の最南端の山）のいわれです。生まれてきた子どもの命を守るために置いたのです。

**吉野** アマテラスの胎盤を祀っているところがあるとは聞いていました。それが恵那山なんですね。

**いと**　ヱナという言葉にも、大事な意味がありそうですね。

**吉野**　はい。カタカムナで読み解くと、「ヱナ」というのは、「届く核」、つまり、「母の命を子へ届ける核」という意味ですね。

数霊は「52」で「命《いのち》」という意味になります。

**いと**　私の感覚では、人間イコール宇宙と捉えています。だから、宇宙にもヱナ（天胞衣《アメノエナ》）があって、人間もそこから産まれてきたという感じかと。

縄文時代のハート型の土器の意味などをきちんと発信していくことで、日本語やデザインの意味に気づき、きっとわかり合えるものがあると思います。

## 歌を詠んで、調和して光となす

**いと**　また、日本語で歌を歌うのも重要だと思います。童謡もいいですね。

それと、私が皆さまに勧めているのは和歌です。ホツマには、和歌をつくると、心が明るくなると書いてあります。

**吉野**　ご自身で和歌をつくられているんですね。

**いと**　ええ。ヲシテ文字で書いて、フェイスブックにあげたりもしています。

一方、禊は身を清める、つまり肉体を清める。和歌は心を明るくするということで、和歌をつくることもとても大事にしています。

和歌と禊で心身を明るくする、それがヤマトの道と、ホツマツタヱ5アヤに書かれています。

**吉野**　和歌自体が、「ワカ」で「調和する力」となりますね。

**いと**　和歌の音霊ですが、ワカは調和して光となすという意味です。

だから、和歌をみんなでつくって歌います。

フトマニに、和歌をつくるヒントがあるのですが、それは128の卦から生まれます。その128の一つを選んで、3音でもって和歌に折り込んでいくということもやっています。

和歌を、皆さんにつくってもらうと、縄文のイメージを潜在的にもっていらっしゃるようで、自然とヤマトの歌ができてしまうのです。びっくりします。

**吉野**　私たちではまねのできないような教養を、昔の方は持っていらっしゃいましたね。上から読んでも下から読んでも同じという回《まわ》り歌があったり。

**いと**　そう。回り歌ですね。嵐を鎮めるとか、人の心を思いどおりにすることができるとか言われています。これも陰陽融合の歌です。

ホツマツタヱ1アヤにある回り歌を紹介しますと、ワカヒメの回り歌は「きしいこそ　つまをみきわに　ことのねの　とこにわきみを　まつそこいしき（紀志井こそ　妻を身際に琴の音の　床に吾君を　待つぞ恋しき）」という歌です。

それと、カナサキ（住吉神）の回り歌で、「なかきよの　とおのねふりの　みなめさめなみのりふねの　おとのよきかな（長き夜の　遠の眠りの　皆目覚め　波乗り船の　音の良きかな)」という歌があります。

**吉野**　素晴らしいです。また、言葉で全部、封印することもできたりしますね。

**いと**　言葉の力を知っていたからですよね。

**吉野**　和歌は、自分では作り慣れていないので、作法とかがいろいろあって難しいような印象を持っています。枕詞とか季語とか。

**いと**　それはある時期に権威づけられたもので、そろそろその殻を破ったほうがいいと私は思っています。

**吉野**　気にしないで、思いどおり作っていいんですか?

**いと**　はい、思いどおりでいいんですよ。俳句だと季語などの使い方が難しいのですが、和歌は思いそのままに、5、7、5、7、7にすればいい。

**吉野**　そうなんですね。季語もなくていいんですね。

**いと**　別に必要ないと思います。自由でいいんです。

**吉野**　現代語でいいんですか？

**いと**　現代語で全然オッケーです。吉野先生だったら、たくさん和歌が出てくると思いますね。ぜひ聞いてみたいです。今日を記念して、とか（笑）。

**吉野**　和歌ではないですが、普段から、どういうふうにして言葉を発するかは意識しています。

言葉によって人間は、勇気をもらったり、悲しんだり、喜んだり……思い出すことも、ほとんどが誰かが言った言葉だったりします。

人生の決意も、自分に響く言葉ですよね。ピッタリくる言葉は、数霊を数えるとビックリする数が出てきたりします。

例えば、もうだいぶ前にお亡くなりになったロック歌手の桑名正博さんの名言、「人類の最終兵器、それはあんたの心やで！」という言葉、私は大好きですが、数えてみてビックリです。

「人類の最終兵器＝２３０」、これは、「愛そのモノ」という意味なんです。「愛」が23でゼロは「そのモノ」と訳します。「それはあんたの心やで＝２８０」、28は「神」で、ゼロはそのモノです。合計５１０＝命の根元そのモノとなります。

つまり、「愛こそ神そのモノ、それはあなたの命の根源そのモノの中にある」という意味になりますね。そしてそれが、「人類の最終兵器」だと。

**いと**　なりますよね。まず、平和へのエネルギーづくりというのが優先していますのでね。

そういう分野については、内臓の働きとか、ホルモンとか、それから神経系とか、全部読み解いていきたいですね。

瞑想については、いかがです？

**吉野**　瞑想ですか。いと先生はどういうふうにされますか？

**いと**　瞑想については、私はKan.さん（注　道教に伝わる覚醒のための秘術「クンルンネイゴン」の正統な継承者）の方法がいいと思っています。

みぞおちに手を当てて、そこを柔らかくするという方法です。呼吸ですが、吸う息と吐く息があります。吸う息の時に吐く息を、吐く息の時に吸う息を同時に行う。

**吉野**　どういうことですか？

**いと**　要するに、呼吸の中で吸って吐くというのは陰と陽の組み合わせです。それを両方同時にやるということなんですね。

**吉野**　どうやるのでしょう？

**いと**　例えば、龍笛とか石笛を吹く方で、息継ぎをしない方がいます。そういう感覚です。吸う息と吐く息を同時に行うと、仙人になれるといわれています。Kan.さんは、たぶんそれを仙人から教わったのだと思います。

**吉野**　いと先生は瞑想を、毎日やっていらっしゃるんですか？

**いと**　いや、毎日はやっていません。あと、人間はスピンをしていますので、まっすぐピンとしているのではなく、渦を巻いているという感覚で、渦を感じながら体を回すという方法です。

**吉野**　動くわけですか？

**いと**　本当に小さな動きですが。

**吉野**　何も考えないで、という？

**いと**　考えても全然オッケーです。ただ、渦を感じながら考えることが重要です。

**吉野**　座禅断食とかに行くと、瞑想する時は考えてはいけないとよく言われますが。

**いと**　よく言います。でも、それはあり得ないですよね。

**吉野**　はい、とても難しいです。

**いと**　人は常に考えています。でも、そうしているうちに自分と宇宙が一つになるイメージがあり、その時に、すごく心も安定します。

**吉野**　わかります。自分の意思を超えて繋がった瞬間ですね。

**いと**　はい。やはり、吉野先生はご理解が深いですね。

吉野先生、今日はありがとうございました。またぜひ、情報交換などできましたら、この上ない慶びです。

**吉野**　もちろんです。私もこれからホツマを勉強していきたいと思います。今日は、いときょう先生と深いお話ができて本当にたのしかったです。

（終わり）

## 著者プロフィール

# いときょう

本名　一糸　恭良（いと　やすよし）
ペンネーム　いときょう
早稲田大学第一政治経済学部経済学科卒（昭和47年卒）
現、ホツマ出版株式会社取締役社長、ホームページ　https://hotsuma-shuppan.com/

平成22年より、東洋大学観光学部にて、ボランティアで先生方や社会人に、ホツマツタヱなどのヲシテ文献について2年間講義。
平成24年3月24日　ホツマサミットを二見浦、賓日館にて主催。全国から150名の研究者およびファンが集う。
平成27年11月1日　拓殖大学客員教授（非常勤）として講座「世界の中の日本」において、

正規の授業としてホツマツタヱを学生200名に伝える。同講座は松本善之助先生に継ぐ二人目の講義。
平成29年2月10日　皇居勤労奉仕団長として、天皇皇后両陛下の御前にて、ホツマツタヱにあるオトタチハナ姫の和歌を申奏。

主な著書（ペンネーム、いときょう）

『古代史ホツマツタヱの旅全五巻』『やさしいホツマツタヱ（全訳）』『十三姫物語』

『フトマニと北欧の女神ゲフィオンから読み解く「古代人の宇宙観と文字生成の原理」』他。

〈すべてホツマ出版株式会社〉

『ソサノヲと出雲の女神たち』〈あいかわゆき著　明窓出版刊〉を監修

主な講演先
拓殖大学、東洋大学島川ゼミ（観光学部）、にんげんクラブ、朝日カルチャー、伊勢修養団。

## 吉野信子(よしののぶこ)

カタカムナ言霊伝道師。

日本語48音に秘められた言霊をカタカムナで読み解く方法を体系化し、2013年には「カタカムナ48音の思念表」を発表した。

又、ヒフミで始まるカタカムナウタヒ5首6首の並びに数があることを発見。数霊学を体系化した。

全ての形が振動で生じていることから、形や文字を読み解く方法をみつけ、形霊学を体系化した。


これらの言葉や数、形の読み解きから知りえた叡智を、その読み解き方法と共に、日本全国でセミナーを開催し、伝えている。

セミナー開催地は北海道から沖縄各島まで全国にわたり、海外ではカナダやイスラエルでも講演を行っている。

その後、カタカムナを伝える講師を養成する為、2018年、カタカムナ学校講師養成講座と研究会を大阪で創設、吉野信子カタカムナ研究会では、毎年、研究員の研究論文集を刊行している。

2020年より新型コロナウイルスの影響で同校をオンライン化する。

オンライン・カタカムナ学校・講師養成講座では、学校長兼講師を務め、オンライン化したことにより、世界各国から受講生が参加できるようになった。

日本の超古代思想、カタカムナ生命至上主義を掲げ、世界平和を実現する活動を広めている。

主な著書

『カタカムナ言霊の超法則』『カタカムナ数霊の超叡智』『カタカムナの時代が到来しました』『神聖幾何学とカタカムナ』『カタカムナで巡る聖地巡礼』〈すべて徳間書店〉等がある。

# ホツマツタヱとカタカムナで
# 語《かた》り尽《つ》くす
## 超古代史《ちょうこだいし》が伝《つた》える日本《にほん》の源流《げんりゅう》と
## 新世界《しんせかい》の始《はじ》まり

いときょう　吉野信子《よしののぶこ》

明窓出版

令和二年十月十日　初刷発行
令和三年十一月十五日　二刷発行
発行者――麻生 真澄

〒一六四―〇〇一二
東京都中野区本町六―二七―一三
電話（〇三）三三八〇―八三〇三
FAX（〇三）三三八〇―六四二四

印刷所――中央精版印刷株式会社



ISBN978-4-89634-422-6

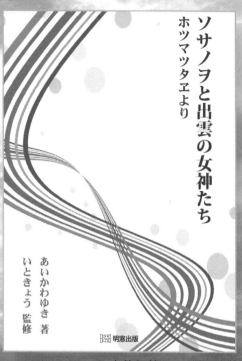

## 閉塞感漂うこの世界に光明を見いだすべく、幣立神宮宮司が歴史的環境、未来へのメッセージなどを綴る。

**青年地球誕生** いま蘇る幣立神宮　春木秀映／春木伸哉 共著

**青年地球誕生 第二集** いま蘇る幣立神宮　春木伸哉 著

本体価格 1,500 円＋税

本体価格 1,429 円＋税

パワースポットの代表と言える幣立神宮に身を置けばパワースポットの真髄が否応なく迫ってくる—— 五色神祭とは、世界の人類を大きく五色に大別し、その代表の神々が“根源の神”の広間に集まって地球の安泰と人類の幸福・弥栄、世界の平和を祈る儀式です。

不思議なことに、世界的な霊能力者や、太古からの伝統的儀式を受け継いでいる民族のリーダーとなる人々には、この祭典は当然のこととして理解されているのです。

待望の続編「第二集」では、エネルギーあふれる多くの巻頭写真も掲載、期待を裏切りません！　天孫降臨の地より、日本の宗教の神髄や幸運を招く生き方など、私たちが知りたいたくさんのことが教示されています。

# 言霊に隠された秘密を解き明かす

本体価格 1,429円＋税

共鳴現象というものがある。ある物体の振動エネルギーが、別の物体に移る物理現象だ。「言霊」とは、まさに共鳴現象に他ならないことが、本書であきらかにされている。

良い言葉を発すれば、良いものと響きあい、その響きが倍増されて自分に返って来る。逆もまたしかり。この「言霊」を上手に操って、幸福な人生へ導こうとするのが本旨である。

言葉の響きが持つ力を認め、敬い、継承し続けてきた果てに現代の我々があるのだ。軽妙な語り口で「言霊」を解き明かし、それに伴う日本人の精神性にまで言及している稀有な作品である。